我用打工學習這個世界

有關挫折、辛酸、老闆、現實社會，
以及工作的27種樣貌

黃海樹——著
楊爾寧——譯

나는 알바로 세상을 배웠다:
알바 인생득도 청춘 에세이

目錄

第二章
我所成長的世界，編織夢想的地方

第三章

達成我所願

推薦序

做過二十七種工作的二十七歲「魯蛇」？

陳慶德

「我不想要過這樣的人生。」——黃海樹，本書作者。

●我二十七歲，做過二十七份工作了

有著一位酗酒又愛賭的老媽，生長在老一輩的「生活智慧」老爸教導底下，就讀大學不到四個月就決定休學的黃海樹，他離開學校、擺脫教科書，逕自走入打工生活。年僅二十七歲的他，書內大談他的「二十七份工作經」，諸如烤肉店、漢堡店、發傳單員、辣炒雞排店內場服務生、吃到飽自助餐、外送宵夜員、婚宴場、電視工廠從業員、網咖外場、卡拉OK服務小弟等各行各業的工作，他都做過，然後呢？

這樣的年輕人，在大多數的臺灣人眼裡看來，似乎是位「魯蛇」「不肯吃苦的年輕人」，抑或「沒有耐心與毅力去追求成功的人」，但黃海樹透過此本親身經驗、輕快筆調的《我用打工學習這個世界》，告訴人們，事實並非如此。

●打工或工作不僅是為了錢，更是為了發現世界與自己

很多人工作，大多為了生計，然而，黃海樹言及二十七種行業的工作經驗（包含一些短期工作），卻讓他發現到，每次的打工，除了獲得最基本且最為現實的薪水收入外，更重要的是，即使短至一、兩個多月的短期工，他所遇到的人事物，總會讓他上到一堂又一堂的寶貴人生必修課。

這得從作者在小學時，「天真地」用削馬鈴薯的削皮刀削蘋果，被「從沒有教過他不能這麼做」的爸爸看見，戲謔地對他說：「你連怎麼用水果刀削蘋果都不會嗎？」等他踏入社會，找到第一份烤肉店工作，才深深體會到，原來爸媽、學校老師沒教的事情可多了，這些事情還包含，他第二份於漢堡店的工作，讓他發覺原來進入社會不僅要有學歷，更重要的是還得學會看（經理）「臉色」，免得挨罵；又如同，來到辣炒雞排店打工的他，頓悟原來平日身為「好人」跟職場上的「好老闆」（為了減低人事成本，給員工的薪水往往都不符合最低工資）是不能劃上等號的；累積一定的工作經驗後，他參

加大公司面試時，驚覺世界竟是這麼大，生活四周不是只有每天準時上下課的學生，而是有著「各式各樣奇葩的老闆」，應徵者也是這般，有「在面試過程中，突然點火抽菸的人」，也有「因昨晚喝太多酒，無法準時前來面試的人」，甚至還有面試過程中「莫名其妙發脾氣的人」等，讓他大開眼界。其中，讓我印象最深刻的打工經驗，乃是他在信用卡公司推銷信用卡業務時，因為偷看一下手機的時間，遭到公司前輩教訓，前輩對他說：「當你在推銷東西時，得把全部的精神放在顧客身上，因為從顧客的立場來看，沒有一定要向哪位業務員購買產品的理由。」原來這就是業務界的「真理」啊！而這些家長都沒說、學校都沒教、教科書也都沒寫。

●臺灣年輕人有感的「新鮮的肝」與職場「霸凌」

身為韓國人的作者，雖然從事的工作大多在南韓境內，但他於職場上所遇到的「怪況」，臺灣讀者一定具有「既視感」。

作者透過切身經驗，總在工作之餘，反省行業的辛酸與眉角，寫出許多感觸省思。諸如黃海樹於一次又一次的面試經驗中，觀察到為數不少的荒唐場景，但最令人沮喪的，即是強迫勞方接受「熱情工資」的資方。什麼是熱情工資呢？就是「慣老闆」假借剛出社會年輕人的熱情給予低薪，之後還一副理所當然地對著年輕人說「你來這邊是學經驗的」「你可以一邊拿錢，一邊學做事啊，多好啊」等「幹話」，強迫年輕人不要看薪水並且付出熱情，或者我該說，付出「新鮮的肝」來工作。

同時，許多臺灣打工族或上班族，都能感受到「賺錢是件很辛苦的事」，但若是今日，我們為了賺錢，卻得對工作職場內，許多不合理的要求（如沒有合法加班費，或者被秉持「有錢就是大爺」想法的奧客羞辱）與不正當的「潛規則」視若無睹、忍氣吞聲，這樣合理嗎？這也是作者於書中，屢屢提到的「職場霸凌」現象，假若今天被資方隨意對待的人（如莫名其妙被砍薪、延長工時），是我們的父親、妻子、兒女等親人，該做何感想呢？勞方提供勞力給資方，然而，資方並不能貪得無厭地全部都要，甚至要求勞方的人格與尊嚴都得一併出賣給資方。

因此，黃海樹寫下他一次又一次的打工經驗，提醒我們**「人們總是將自己遭受的行為，再反覆加諸在弱者身上，不斷重演壓榨行為的社會，是沒有希望的。」**唯有改變現況，才能改善我們的職場。

今日臺韓兩國交流日益興盛，樂見透過臺灣經營人文書籍多年有方的圓神出版社，引入這本《我用打工學習這個世界》，以饗讀者，我想書內作者親身職場體驗、對於勞資雙方的反思，甚至揭露社會內隱藏的結構性問題，想必皆能引起臺灣許多打工族年輕人，抑或職場上班族關注。

自己身為多年研究韓國文化、社會議題學者，甚至也到韓國當地工作過的我，看完此書，也深有同感，特別是作者在書末鼓勵大家：**「請務必守護年輕人，讓他們能夠尋找自己出路，且在其過程中，請勿指責他們走得慢、走得沒有比較好。」**著實令人感到窩心，也是對現今職場，最真心的發言吧。

今日正逢書出版，託出版社邀稿，慶德有此榮幸寫此短文，敝人沾光地誠摯推薦此書，給臺灣國內讀者，謝謝。

（本文作者為韓國文化研究者、〈現象・韓國〉專欄作家）

各界推薦

打工經歷超過十年，在極其注重職業階級、「甲乙」關係森嚴的韓國，作者宛如叛逆異類，打破大眾對工作的一貫信仰。

在他的文字中，不僅看見社會荒謬與各行業的苦酸，也得以給職涯未決的年輕人，一些參考的錨。

——專欄作家／彭紹宇

如果說臺灣是一個重視學經歷的國家，那韓國應該比臺灣嚴重一千倍吧！這本書裡可以看到年輕時的自己曾經無法想像的社會現實與險惡，若你正為你的未來感到徬徨，希望這本書可以帶給你一點省思。我們未必是他人眼中最耀眼的人，但回頭看看過去的自己，也許我們已經走過許多過去認為不可能度過的難關。

——B型女的日韓走跳人生版主／鄭E子

序

發現自我的時間

「當公務員最好。」

「當公務員，你才能過得舒適。」

父母和祖母從我小時候開始，就照三餐這樣告誡著我。我的爸爸、叔叔、伯伯都是公務員，甚至有些表兄弟也已經成為公務員準考生，沒日沒夜地念書準備，正在鷺粱津一帶的補習班孤身奮鬥著。

擁有「公試生」「公試浪人」稱號的數十萬青年們，為了當上公務員拚死拚活地競爭著。不僅僅是因為公務員擁有最公正的選拔體系，更有著俗稱「鐵飯碗」的安定雇用條件及各種福利制度，比起一般職業實在是好太多了。

有很多人對年輕人勉勵著：「要成為偉大的人」「要成為受人敬重的人」「要進大企業」。而能夠走上這條康莊大道的，就是公務員、大企業員工、教師、律師、醫師等等。在這世界上的職業種類多如繁星，雖然不是無法理解這些職業受到敬重的理由，但我個人連想讓別人尊重、想要功成名就、想要進到前途無量的大企業工作的一點欲望都沒有。公務員和大企業員工的職缺數量是固定的，但所有人都往那個方向擠破頭，又不斷落榜，會變成什麼樣子呢？難道一定要成為眾多「失敗者」之一嗎？

我不想過這樣的人生。雖然不得不顧及父母的期待和社會所賦予的普世價值和情緒，但我還是想要依照自己的意志和想法，過著自己選擇、決定的生活。賺很多錢、成為有名的人，看起來不太能讓我變得幸福，但能確定的是：我未曾認真深入探討「我是誰？」「我要做什麼？」等問題。雖然我想辯駁是我沒有機會探討自我，但老實說，其實是自己無法突破各種瓶頸。心中充滿著忿忿不平，但卻在面對、解決它們時躊躇不前。說是自己的人生，但卻如旁觀者般不負責地束手旁觀。

我在進入大學四個月後就休學了。僅是聽從父母的建議及為了順利就業，就連適不適合自己都沒考慮，就進了大學某一個科系，而我也無法從中感受到任何樂趣。上學的唯一目的就是拿個漂亮學位，而且學費也不便宜。我很討厭這種在毫無理由的情況下去上學，浪費龐大的費用和時間。我開始懷疑自己不是自己人生的主人，毫無目地如行屍走肉般去上學，不僅讓我對認真工作的父親感到抱歉，也對自己過意不去。

所以我選擇了打工。剛開始的契機非常單純，只是在十七歲那年經過朋友介紹，就去了，而打工也讓個性非常內向、徬徨不定、無所適從的我徹底脫胎換骨。經歷過大約十年的打工，期間遇見了不同領域、各式各樣的人，體驗過各種不同的經驗，開始得以逐漸找到「我是誰？」「我要做什麼？」這些問題的解答線索。

就像是想探索哪些食物好吃，就必須親自吃過許多不同種類的食物才能做比較一樣，若要探索自己是誰、自己該做什麼事情，就必須擁有各種經驗，才能從中發現答案。若沒有累積經驗的過程，只是盲目跟從他人的標準去選擇職業，一定會百般後悔。我亟欲探索自我，而打工則成為探索自我的舞臺。我認為在工作現場直接見識及經歷，是學習這個世界再確實不過的方法。

- 尋找「我該做什麼？」的答案→因為要喜歡這個工作，才能樂在其中。
- 檢視自己的缺點並試著改正→這樣才能更融入人群。
- 發現連自己都不知道的優點→我總不會一個優點都沒有吧？

在這段期間，我所做過的打工總共有二十七個（如果連短期打工也一一細數，那就不計其數了）。我經歷了像是烤肉店、速食店、發傳單、辣炒雞排、吃到飽自助餐、外送宵夜、婚宴場、電視工廠、網咖、收割農作物、卡拉OK服務生、清理水塔、考試院管理人、賣仿冒品包包、信用卡業務、新林洞路邊攤、電話客服中心諮詢員、百貨公司保全人員、大賣場促銷員工、聚會餐飲供應、博覽會司儀、香菸問卷調查、公寓清掃、超高樓層建築建設現場、大企業生產工廠、濟州島度假村等各式各樣的領域及工作。聽過我的故事的人，都驚訝我是如何能夠做過這麼多種類的職業。在這本書中，我只整理了一些我想和人們分享的經驗。

教科書以外的世界，真的很不一樣。但一開始感受到的乖離感實在太大，令人無所適從。認真念書考到的資格證照一點用處都沒有，也看清「你我互助共生的世界」這個美麗標語背後是「獨善其身的世界」的事實。雖然冷酷的現實令人可怖，但時時刻刻為自己找理由的我，看起來也好不到哪裡去。

打工的優點，就是比正職的所有層面上來得自由。進入的條件低，轉職的自由度也比正職來得高。許多種類的工作向我投擲了各式各樣的問題，都是在學校裡從來沒聽過的。多虧如此，我才能逐漸了解到自己是個怎麼樣的人，以及我喜歡的是什麼、何時會感受到滿足幸福、為了滿足自己的欲望需要支出多少費用和時間等。

二十七歲，在我度過的這段短暫人生中，從來沒有想過我的打工經驗足以成為在他人面前侃侃而談的話題。因為我也從來沒想過，打很多份工的生活方式有多特別，在許多人的眼裡，我就只是個沒就業的青年而已，另外還有「就業準備生」「尼特族」「青年白手」等可以稱呼我的名詞。

但我認為，或許能夠幫助到一些像我一樣徬徨不定的人。

我想說的是：如果活到現在還沒找到「我是誰？」「我該做什麼才好？」的答案，或許可以一邊讀這本書，一邊思考。這本書只寫了一件事，而人生經驗不長的我，應該也不適合講太多。

「我到底是誰呢？」

這是每個人都無可避免的問題。我想和大家說：請一定要好好思考，一定要找到答案。

我仍然有很多想嘗試的工作。

我想透過這些工作，尋找真正的自我，追求我的夢想。

註：

為方便閱讀，統一將全書提及韓元的部分以一比三十五韓元之匯率換算成臺幣。根據韓國官方公布，二〇一九年的最低時薪約為臺幣二百四十元，又依據全球大數據資訊庫（NUMBEO）公布的「東亞城市生活費用指數」綜合排名，首爾高居第二名（臺北則是名列第五），故可得知韓國最低時薪雖比臺灣最低時薪（一百五十元）高，但韓國的物價指數相對起來也比臺灣高上許多。

第一章

我所不認識的自己，我所不知道的世界

在小學時，我用削馬鈴薯的削皮刀削蘋果，

被我爸爸看到，他說：

「你連怎麼用水果刀削蘋果都不會嗎？」

「您沒教過我。」

「我連這也要教你嗎？」

「您至少也教我一次，再說我不會吧。」

如今我成了成年人，仍然和以前一樣不會削水果。

在一開始，雖然會埋怨沒教過自己的大人，

後來在某個時刻，突然領悟到是自己從未努力求知。

該怪誰呢？但總之這是自己的人生。

如果有想知道的事情，就要靠自己去找答案。

我的打工人生就是這樣開始的。

01

在一開始，誰都不喜歡醜小鴨

所有的事情都是從「不熟悉」開始的。
就像白天鵝也不可能從小就長得漂漂亮亮，
醜小鴨一開始走路也是走得搖搖晃晃，
說不定在我內心裡也有個潛在的白天鵝。

「要是他問的話，就說以前有做過就可以了。」

在高中一年級的時候，我曾經和朋友去烤肉店應徵打工，而同輩的朋友之中，也有不少人靠送報紙或當服務生在賺錢。我們想做的事情總是遠遠多於零用錢的量，但家庭的經濟收入可能不那麼優渥。我的零用錢雖然不夠多，但也不想造成父母的負擔，我想，至少自己的零用錢要自己賺，因此決定出去打工。

和歷經各種打工的朋友不同的是，我是生平第一次嘗試，所以有點緊張，而朋友給我的建議是：假裝自己是有經驗的人。

「嗯？可是我一次都沒做過呀！」

「你試想一下當客人的感覺，就是點了餐在座位上等嘛。我們就把東西端上去給他，最後吃完時清掉就結束了。簡單。」

想了想，好像是這樣沒錯，就是把東西端上去，最後收掉而已。這樣一想，心裡的那顆大石頭就放下了。我就這樣去面試，但老闆卻當場遞來圍裙，說因為太忙了，要我從今天就開始工作。

天哪！發生完全意料之外的事了。才跟老闆見面沒多久，就叫我馬上開始工作，連心理準備都還沒做好！我急急忙忙地把圍裙綁在腰間，將剛洗好的筷子和湯匙用毛巾擦乾放進餐具盒，老闆便向我和朋友說明工作內容。

「客人進來時，說『歡迎光臨』之後，問有幾個人。之後在托盤上放一瓶水以及符合人數的擦手巾和杯子，接著過去為客人點餐。然後到廚房說明點餐內容，餐點出來後端上去就可以了。」

超簡單的。

客人進來了。背上冒的汗水像下雨一樣流淌，雙腳不斷發抖。客人進來坐到位置上，我照老闆所教的內容上前去應對。

「歡迎光臨。請問幾位呢？」

「嗯……有幾個人呢？好像要等人到齊才知道。」

完全是一個意料之外的答案，我當場愣住。客人的雙眼直勾勾地盯著我，而我手上的原子筆則掉到地上。不久之後，客人們蜂擁而至。

這場面不像是客人，看起來完全像是電影《太極旗生死兄弟》裡戰場中迎面而來的敵軍。敵軍攻過來了，要趕緊撤退。不知所措的我看著窗外，只要看到有客人進來，我就慌忙地跑去廁所躲著。店裡一轉眼就擠滿了客人。

「請給我水。」

「這邊，我們要點餐。」

「請問洗手間在哪裡？」

「沒有小孩用的叉子嗎？」

「附贈的大醬湯裡面請不要放豆腐。」

數不清的子彈朝著從沒受過軍事訓練的我飛了過來。要趕快離開這裡才行，我再次躲到廁所裡，看著鏡子裡照映出來的我，那個連打工時接受客人點餐這種簡單事情都要逃避的我，覺得自己實在是一無是處。

相反的，我朋友則是駕輕就熟地應對客人，甚至和客人談笑風生，我很羨慕這樣的人。就這樣過了兩個星期，有一天，老闆把我叫了過去。

「你本來就這麼膽小嗎？」

「……」

「你似乎不適合從事服務業。明天開始不必來了。」

以前只在電視上看過的場景，如今卻發生在我身上，第一份工作就這樣被開除了。徒步走回家的路上，覺得這條路無止盡般地長，雙腳一步比一步沉重。到了家門口，卻沒辦法走進家門。

於是我到了附近的河川旁，癱坐在長椅上思考著：到底問題出在哪裡？我和那位朋友有什麼不同呢？我為什麼這麼怕人呢？在滿腦子深深的憂鬱感之中浮現了一個人影：媽媽。

●想要戰勝心底的傷痕

我媽媽嗜賭又酗酒。要是她喝得酩酊大醉，吼叫的聲音可以讓全社區的人都聽到。有這樣的母親，我感到自卑。小學四年級時，我第一次向媽媽提出請求。

「媽媽，如果您和其他人的母親一樣，行為舉止有些教養就好了。還有，喝酒的那天請不要回家。」

就像考生的父母去祈禱那樣，我懇切地向母親哀求。最後當然是什麼用都沒有。每當母親喝了酒回來，我就坐立不安，為了不讓她大吼大叫的嗓音溢出窗外，我將窗戶關得死緊，把電視的音量開到最大。

「熱死了，幹嘛關窗！」

不管媽媽怎麼怒罵，我都不願意開窗，這是年幼的我唯一能做的一件事。我很怕遇見認識我媽的鄰居，出門時常常左閃右躲，我家位於公寓的三樓，只要下樓梯時聽到誰上樓的腳步聲，我都會急忙地跑回家裡。出了家門之後如果看到鄰居，就會躲到車子的後面，等人走掉後才出來。自己去超市、在餐廳裡點餐、收外送餐點、和陌生人對話等等雞毛蒜皮的小事情，都讓我感到吃力。

在學校裡也是如此。如果感覺到可能會從朋友們聽到一丁點有關媽媽的話題，就會想要趕快挖個洞躲起來。住在同一個社區裡的幾個朋友知道我媽媽嗜賭，把兒歌歌詞換掉，老是一起唱著起鬨胡鬧。

「海樹家的媽媽是個老千！」

每當這個時候，總是想反駁：「她是老千的話，我現在還能像這樣過得好好的嗎？管好你們自己吧！」但總是忍著讓這句話不要衝出喉嚨。

在過年過節時到親戚家，別的表弟表妹總是會聽到「已經長得這麼大啦？」「最近過得怎麼樣？」等日常的問候，但我們家兄弟姊妹卻已經被貼上「媽媽是壞人」的標籤。不管是在學校還是在親戚家，我總是閉著嘴躲在角落，我會這麼膽小怕人，看來是必然的結果。

●還不會飛的白天鵝

我陷入兒時的回憶中好長一段時間，回過神來，映入眼簾的是沿著河川水流戲水的綠頭鴨，其中有隻脫隊的小鴨子吸引了我的目光。其他鴨子都排成一列划著水，為什麼只有那隻小傢伙遠遠落後呢？就好像在看著我自己一樣。

小時候曾經讀過《醜小鴨》，在故事裡，醜小鴨因為長得跟別人不一樣，被身邊的鴨子欺負，甚至被趕出家門，但是長得不好看的醜小鴨，原來是隻美麗的白天鵝。最後牠回到白天鵝的群體中，自由自在地飛上天空，過著幸福快樂的日子。

「我什麼時候才能變成白天鵝，飛上藍天？」當我這麼想著時，便忍不住噗哧一聲笑了出來。《醜小鴨》畢竟只是個童話。在現實中，我也只是個在第一份工作就馬上被解雇的「社會不適應者」罷了。

我們家的家訓是「成為被需要的人」，但我在烤肉店裡卻成了沒有用的人。想起悲慘的現實和兒時記憶，雖然悲從中來，**但我忍住了。因為如果哭出來，似乎會更雪上加霜。**

雖然很清楚我的個性內向又膽小，但從來不知道我是一個如此難融入社會生活的人。覺得自己不能再這樣下去，無論如何總得克服，雖然仍然害怕面對大部分的陌生人，但我想我必須要重新開始打工。說不定打工可以幫助我改變我這有問題的個性。所以我下定決心重新開始找工作。那個時候，我做夢都不會想到，我會一路下來做了這麼久的打工。

因為打工，我學到了……

想要過健康的人生，

首先要治好自己的心病。

02

人生使用說明書？

在生活中，有無數本說明書。
說明書上沒有寫明的狀況更令人棘手。
但我們也從說明書上沒有寫的部分，真正學習到更多。

被烤肉店開除之後，我更害怕面對人了。只是打工而已，難道不能找個不必面對人的工作嗎？在找工作的過程中我認知到：這個世界上沒有一份工作是不必面對人的。

我總懼怕一次要面對很多人，會手忙腳亂，或是心情受到衝擊，所以在尋找不必面對人群，也可以漸漸融入人群的打工時，我找到了製作漢堡的工作。因為喜歡吃漢堡，所以我常常去速食店，在點餐時曾經看過廚房裡穿著紅色制服製作餐點的人，他們不會直接面對客人。我心想「這份工作應該可以吧！」於是就去應徵了。

我去應徵的這間速食店，把打工的人叫做「伙伴」。伙伴做的事情大致分為三種，接受客人點餐的「收銀」、製作漢堡的「烤盤」，以及炸薯條的「油鍋」。我是負責製作漢堡的「烤盤」。不僅不必面對人群，還能每天吃到漢堡，簡直是為像我這樣膽小又喜歡漢堡的人量身打造的工作。

而在速食店裡工作，必須熟記調理說明書的內容以及相關用語，這樣才能順暢地完成工作，這並不困難。在上下班或休息的時候，一定要跟經理報告：「伙伴黃海樹來上班了。」「伙伴黃海樹下班了。」

在廚房必須注意的，就是把使用過的油炸用油換上新油的時候，會有火災或燙傷的危險。在我從事這份打工時，曾經有一位換油的伙伴失手讓廚房地板著火，我們得趕緊想辦法用滅火器把火給滅掉。幸好處理迅速得當，要是慌亂起來，火可是不認人的。

在這個地方，提供漢堡充當我們打工人員的餐點。其他人因為每天只吃漢堡，都吃膩了，但對我來說卻如魚得水。

以前要付錢買的漢堡，現在每天想吃就能吃，而且還能依照自己喜好的口味直接製作，實在是稱心如意。每天一上班，就把特利漢堡、烤牛肉堡這種需求量高的餐點先做個三、四十個起來，墨西哥辣椒漢堡和韓牛漢堡這種高單價低需求的漢堡，就做兩三個先放著。

但是在裡頭工作，並不是完全不用面對人，還是得和老闆、經理、烤盤、油鍋、小姐（接受點餐的人）、騎士（外送人員）進行和點餐、調理有關的對話。不過因為不必面對不特定多數的顧客，心理上的負擔也比較小。

免除人的壓力，便可以全心全意專注在做好自己的業務上。我思考了更有效率達成任務的方法，也思考該如何滿足點了餐、等待中的顧客的期待。

●漢堡裡的真實

我雖然喜歡吃漢堡，但常常不盡滿意。看著菜單上的漢堡照片點了餐，拿到的實體卻和照片上的天差地遠。高麗菜的分量每次都不一樣，而且醬料也沒有塗滿，這些都不怎麼令人感到心滿意足。我親自去打工，才發現照片和我吃的漢堡會如此不同的原因。

不管是在儂特利還是麥當勞，所有連鎖餐飲店用的都是相同的食譜、相同的材料和相同的器具來調理食物，就連塗抹醬料也有規範相同的圓圈畫法，洋蔥或高麗菜的重量也全部統一。雖然打工人員必須依照劃一的定量表和調理說明書來製作漢堡，但事實上如果完全依照調理說明書來製作，是絕對無法滿足顧客的嘴。若站在公司的立場來看，依照調理說明書行事是最佳策略，但站在直接面對客人的員工立場上，「最佳策略」卻大不相同。

難道策略不需要反映現場員工的經驗嗎？

我個人在吃飯的時候喜歡配很多小菜，所以常常多點配菜來吃。在買紫菜飯卷的時候，也會買餡料比飯多的那種來吃。人們喜歡漢堡的理由並不是麵包，而是裡面的肉和菜，漢堡有著能夠一次吃到不同食材，並且簡單快速攝取的優點。

但若總是偷工減料式地放入食材，客人難道會滿足嗎？如果連我都覺得可惜的話，別人也會感到可惜，不是嗎？或會想著「做我的漢堡的人手乾淨嗎？他有先洗手再做嗎？」這類有關衛生的煩惱。

因此我並沒有依照調理說明書，而是依照我自己用餐時的想法來製作漢堡。**因為我不想讓開心等待著自己點的漢堡的客人，在一口咬下後感到失望。**在製作漢堡時，我是假設這個漢堡是自己要吃的立場，放入豐盛的材料，在麵包上放滿橫切的洋蔥，從麵包外圈到內部塗上滿滿的醬料，就連番茄片也放的是調理說明書上所寫的大小的兩倍。

在當時，我住的社區裡只有一家店在賣漢堡，而每個時段也只有一個伙伴工作，所以可以輕易得知哪個時段是誰在工作。

「剛才點蝦堡的人是我喔！」

在烤盤工作一陣子，臨時走出來到收銀檯時，某個人一邊笑著一邊這樣對我說。被客人認出來，實在令人感到欣慰。雖然客人很高興，但店長卻開心不起來，他每次看到我就會碎碎念一番。

「材料這樣塞得滿滿的是要怎樣啦！」

所以我就開始學會看臉色了。雖然店長不喜歡紅豆剉冰的紅豆比剉冰多，但我總是放超多紅豆在剉冰上。因為怕紅豆放太多「露餡」被店長發現，所以又在上面覆蓋碎冰做為遮掩。

能夠讓客人發現自己認真工作，讓我感到非常興奮。

偶然從鏡子裡看到自己笑的樣子，便能得知我在做這份工作時樂在其中。

每當推出新漢堡時，我便將印有調理方法的說明書帶去學校默背。閒暇時間我也會親手試做新口味的漢堡。深深感受到越受肯定，工作便能更加努力的心情。

在適合我的環境下工作能夠感受到樂趣，也更能主動去尋找改善工作效率的方法。該如何做才能讓漢堡更好吃，甚至去研究如何才能提高販售量。

就像「強摘的果子不甜」這句中國俗語一樣，硬著頭皮做的事情是不可能順利的。另外我還有一個體悟，那就是——只遵循調理說明書是不夠的，無論是漢堡還是人生。

因為打工，我學到了……

當我有興趣而盡心盡力去做時，便能呈現出調理說明書上沒有寫到的真正美味。

在適合我的環境工作，

才能感受到樂趣，

更能夠主動去尋找改善

工作效率的方式，

甚至去研究怎樣才能將料理

做得更美味，

以及如何提升銷售量的方法。

03

「好人」和「好老闆」不盡相同

最低工資標準提高，引起許多雇主的不滿。
若是站在臨時勞工的立場，
也無法單純地對最低工資標準提高這件事感到高興，
那就是這個社會結構上的問題了。

我在速食店打工，也同時做著發傳單的工作。雖然兩個工作都不需要直接面對不特定多數的人，但也透過在工作場合中跟遇到的人溝通，逐漸改善我面對陌生人的困難之處，有了由我主動上前問候他人的勇氣。

我想再試著去面對不特定的多數人，因為在我心中某處似乎藏著懼怕，因此想要嘗試在規模較小的店裡當服務生。剛好有位朋友在辣炒雞排餐廳裡打工，馬上就要辭職，於是向我提議要不要去做做看。

那家餐廳跟我第一次打工的烤肉店比起來只有四分之一大小，是個比較溫馨的小店，而且位於學校和我家的中間，上下班也方便，更重要的是客人不多，比起要一次面對非常多的人，對於需要時間慢慢適應的我來說，這是一份再好不過的工作了。這間店是由一對夫妻共同經營，老闆和老闆娘給我的印象也非常好。他們兩位仔細教導我許多在社會上必須遵循的禮儀，其中一項就是整理脫下來的鞋子❶。

「整理脫下來的鞋子是基本中的基本，但很少人會在這生活瑣事上用心。」

多虧在這家店裡扎實地學了這個禮儀，讓我日後不管到了哪裡都會整理脫下來的鞋子，而且不僅是我自己的鞋子，就連同行的人的鞋子也會一起整理得整整齊齊。之後我在推銷信用卡時，有個公司的老闆看到我整理鞋子的樣子，便一邊爽快地簽約一邊說：

「我還沒看過像你這樣做的人。連基本的事情都做得好好的，其他事情自然就沒話說。」

辣炒雞排老闆雖然對每件事都親切地指導，但是不是個好老闆，卻是個值得商榷的問題。

不知道是因為店面規模小還是什麼緣故，在面試後我得知這裡是個對最低工資沒有任何概念的店家。在學校結束後的五點開始工作到十點，共五個小時，一天工資算二百八十五元，薪水以月薪的方式給付，以時薪計算的話，每個小時不到五十七元。當時二〇〇八年的最低工資規定的時薪是一百零七元，顯然是少給很多的。但當時無法因為錢拿得少而放棄這項工作，為了做與人面對面的工作以適應社會，比起工資少，客人少才是重點。為了治療自己的心病、為了賺錢，我很努力做這份工作。

●被「熱情工資」澆熄的熱情

現在重新回想起來，我的「目的」說不定是被老闆給「不當利用」了。因為當時無論如何我都需要得到這份工作，所以不得不接受劣質的支薪條件。無論青少年還是成年人都是有尊嚴的勞工，而我在那個年代拿的是最近人們所說的「熱情工資❷」。

在當時，比起月薪多寡，我更在意的是我在別人眼中看起來是個怎麼樣的人，我如

---

❶在韓國的傳統炕熱式地板餐廳，大多需要脫鞋進入店裡用餐。
❷在韓國職場中，專指「以個人熱情取代金錢酬勞」的不良現象。

果被發現是個新手，會怎麼樣？如果被客人發現自己不熟練又緊張的話，該怎麼辦？我渾身上下充滿了各種擔憂。

但是客人並不如我想像中的那麼關心我的事情。不只是我，客人對店裡所有的服務生都漠不關心，因為客人才不管店員如何，反正只要開心地吃完辣炒雞排，走出餐廳，這一切就結束了。

在工作時，總是費心注意著沾醬有沒有均勻塗抹到雞肉上，用中火烤的過程中戳戳看地瓜有沒有熟透，如果熟了就告訴客人可以開始用餐，以及在炒飯的過程不要噴到客人的衣服等等。

時薪低，就必須縮減自己的開銷，無法開源就必須節流是理所當然的事情。無論去哪裡、吃什麼，「五十七元」不知不覺成了某種標準，阮囊羞澀，行止兩難。選擇變得稀少，興趣也跟著變得貧困。

我曾經在結束炒雞排打工後去超市買東西。拿起平時喜歡的餅乾一看價格，是三十四元。三十四元！我花一個小時在炙熱的火焰前跪坐著，炒雞排炒到手腕快斷掉，才賺快五十七元，這一包餅乾的價格就得花掉我時薪超過一半以上……

我帶著虛脫的心情將餅乾放回原處，往聚集著便宜餅乾的貨架走去。在餅乾堆前來回踱步，拿起一包餅乾。在小學時只要十四元的餅乾，現在要價二十二元。而餅乾不知道是不是減肥了還是怎麼著，餅乾的量變少，只有價格變貴。反覆思索了好幾次到底要不要買，最後只買了一包。

時薪不到五十七元影響的不僅是吃的，甚至讓我改變了大半生活習慣。去近的地方一定是徒步走過去，也絕對不搭計程車。當時計程車的起跳費率是六十八元，對每小時賺不到五十七元的我來說，搭計程車是一件極為奢侈的事情。

雖然節儉是好事，但後來才知道太過於節儉反而讓自己壓力重重。開始覺得除了養成節儉的習慣，應該賺更多錢才行。當然，說的總是比做的容易。

二〇一八年韓國的法定最低工資是時薪二百一十五元。在政府決定調漲最低工資時，有部分媒體報導得像是韓國經濟就要立刻崩盤一樣慘烈。雖然調漲最低工資對中小企業或小攤販來說的確有負擔，但我認為，**過去那段期間的工資實在是低得不像話，提漲工資是無可避免的事情。但從業人員也必須帶有責任感，付出符合酬勞的勞力才行。拿多少錢做多少事，是天經地義的道理。**

若最低工資上漲，雇用勞工的咖啡店、餐廳等營業場所都無可避免地會因為支出增加，而讓餐點和飲料跟著漲價，也隨即會讓物價上漲，那麼就會減少雇用打工的人數，最後的結果是造成職位短缺。就算月薪上漲，也因為物價上漲，讓實際所得沒有因此提升。我認為不能單純地調漲時薪，而是要連這個社會的結構性問題也一併討論才行。

因為打工，我學到了……

雖然做的一樣是服務性質工作，有些人只是顧著賺錢，而有些人則是努力學習做生意的Know-How。

我會成長成什麼樣的人，操之在我。

04

青春＋韌性＋迫切＝給一點錢也可以

「因為年輕，苦頭就算是花錢買的，也吃。」
這個時代的年輕人，被這句描述年輕熱忱的話給強壓著。
強迫付出熱情的社會，它的背後則隱藏著免費的勞動。

幾年前找打工時，我曾經到附近的法務辦公室面試。一進到辦公室，法務士指著辦公桌旁的椅子，要我稍候片刻。在辦公桌的玻璃墊下壓著前總統寄來的書信，以及在新聞中常出現的知名政治人物寫的感謝函，像是刻意要人觀賞一般地展示著。

看到擁有國家最高權力的人和政治人物的書信，我也在不知不覺中感到畏怯。法務士坐在辦公桌的對面，說對我的第一印象很好，還滿喜歡我的，隨之展開了對話。

「你喜歡看書嗎？」

「啊？喔，是的，我喜歡看書。」

「啊，太好了。以前的工讀生在待命時間常常看書呢。」

待命時間？有點難理解他在說什麼。法務士則繼續講下去。

「上班時間是早上九點開始到下午六點。最後收拾，東弄西弄，大概七點就可以下班了。早上八點半來簡單打掃一下，幫花盆澆澆水，開窗透透氣就行了。」

也就是說早上要提早三十分鐘上班，傍晚也要晚一個小時下班，還要當作是正常時間上下班的意思。另外也提到因為常常出差到鄉下，所以需要開車，而在規定時間以外做的事情也不另外給加班費。

雖然在求職的過程中時常聽到類似「不另外給付加班費」的話，但是如此理所當然地說出來，實在讓人感到有點不愉快。他繼續說明下去：

「你有女朋友嗎？」

「咦？您為什麼這麼問……」

雖然說求職者比起提出問題，更像是被詢問問題的角色。但一慌張就問出口了。

「啊，因為我在週末也會有事情。那些事情必須要你陪同才行。」

如果法務士有約，或是去打高爾夫球，我就必須穿著西裝上班，扮演司機的角色開車載他到目的地，真是越來越不可理喻了。他甚至還交代我，當他要下車時，我必須盡快離開駕駛座，下來幫他開車門才行。

聽著聽著火氣都上來了，我的眉頭逐漸深鎖，這是一個很容易被人看穿我心中有怒氣的表情，但他卻絲毫沒有察覺，也表現出毫不在意的樣子。

「每天想吃什麼就買給你吃，如果去外地出差的話，還會幫你訂好旅館。這種工作可不好找呀。」

他當我會相信這一席話？走出辦公室，心情非常地悶，和他的緣分，今天是第一天，也是最後一天。

●為了拿時薪一百一十五元，所需的經歷

四處去面試的結果，就是會遇到各式各樣奇葩的老闆。應徵者無不迫切地想要更加凸顯自己的長處，就算是多一點點也好，而老闆們的言行舉止，似乎都認為自己是絕對至上的資方一樣。

像是在面試過程中突然點火抽菸的人；準時到面試場地卻唱空城計，打了電話問才

說昨天喝太多酒沒上班，要我明天再來的人；要求在來的路上順道買A4紙來的人；在面試過程中莫名其妙發脾氣的人（後來深入去了解，對方說是因為我長得很有個性，所以想測試看看我會如何反應）。

有間便利商店開的時薪是一百一十五元，要求應徵者事先準備好履歷表、自我介紹、戶籍謄本、應徵者的抱負。在面試的時候要我說明應徵本公司的理由和進入本公司工作的覺悟，還突然要我用英語自我介紹。搞不懂為什麼要用英語自我介紹，實在是不可理喻。「我要上班的便利商店是在美國嗎？」我差點就這樣問了。

雖然有各種荒唐的事情發生，但最令人觀感不好的還是強迫人接受「熱情工資」的狀況。所謂的熱情工資，就是假借熱情的名義，實為低薪的勞動。給低於法定最低時薪的工資，用「你要去哪裡一邊拿錢，一邊學做事？」這樣的話來強迫青年們付出熱情。俗話說「瞬目不函，或喪厥鼻」[1]，我們把明明知道這是「熱情工資」卻仍然乖乖照做的青年們稱為「熱情冤大頭」。但那也是因為青年們為了就業，才不得不接受「熱情工資」。

我有個高中學長，他在搞笑劇團裡生活了好一陣子。為了站上舞臺，每天必須花八個小時以上寫搞笑劇本和努力練習演技，但卻沒辦法拿到演出費和活動費等工資。也就是說，有名的人理所當然地拿演出費，而新人能被允許站上舞臺就該心存感激的意思。

在我們的社會中無數個行業裡，都上演著「可以少付年輕人工資」的情形。「工作本身就是經驗。薪水少或是沒有薪水，也不要抱怨。就算沒有你，也有很多人要做這份工作。」**能讓「青春＋韌性＋迫切＝給一點錢也可以的人」這樣的公式成立的社會，已經變得不正常。**

這個社會不斷理所當然地惡意利用擁有青春的人，是時候輪到一直袖手旁觀、逆來順受的我們來深深反思了。

雖然得認真工作並為自己的生計負責，但我們可不想在強迫接受不當待遇的地方工作。希望能夠向這個隨意對待我們的世界，正確傳達出我們的「聲音」。讓我們正正當當地拒絕不當待遇。

「你說就算沒有我，也有很多人要做這份工作？我就算不是在這裡，也有很多地方可以工作。」

---

❶韓國俗語，「就算自己眼睛睜著，鼻子也會被活活割下。」意指世事險惡。

因為打工，我學到了……

如果我們無法正正當當地拒絕不當待遇，
正當待遇也不會找上門來。

希望能夠向這個隨便對待我們的世界，
正確傳達出我們的「聲音」。
讓我們正正當當地拒絕不當待遇。
「你說就算沒有我，
也有很多人要做這工作？
我就算不是在這裡，
也有很多地方可以工作。」

05

外送員或打雜的

做為一個外送員，最辛苦的事情不是在危險的道路上駕駛。
面對各式各樣的人才是最累的。
所謂的慣老闆，並非企業家的專利。

我總不能一直待在只給時薪五十七元的地方。我想賺更多錢，於是辭去辣炒雞排店的打工，開始尋找高時薪的打工。

當時時薪最高的打工，非送貨員莫屬。二〇〇八年的法定最低時薪是一百零七元，但事實上除了知名企業或連鎖店，社區裡大部分的小店都只給時薪八十五元。偶爾會有確實遵守最低時薪的店家，但這些地方總是競爭激烈。而在這其中，確實遵守最低時薪的就只有外送的打工了。因此，我的目光逐漸被吸引到外送打工的領域去。

每小時拿八十五元的人，和每小時拿一百元的人，十五元的差別實在太懸殊。若以每天一樣工作八小時來計算，一天相差一百二十元，一個月就相差三千六百元，一年就相差四萬三千二百元。這十五元，實在無法當作單純放在口袋裡晃啊晃，最後隨手丟進存錢筒的輕盈小硬幣來看待。

在每天仔細翻閱求職報紙《交叉路》尋找送貨員打工時，我發現一件驚人的事實——如果做的是「夜間外送」，時薪會多給十五元，也就是說每個小時就能賺到一百一十五元。我找到了！這世界看起來更光明了。雖然錢不是萬能，但也沒有不拿的理由吧？這是花費相同時間打工，卻能比朋友多賺三十元以上的大好機會。

但說來也有點辛苦，必須在夜間工作，才能拿到時薪一百一十五元，這個真相著實令人傷心。除了錢比較多這個理由之外，還有另一個必須做夜班的理由——因為在晚上，行駛的車輛比白天少，發生事故的危險也比較低，更不必被家人或朋友看到自己拿著鐵製外送箱子在外送的蠢樣子，正合我意。另外，宵夜外送不必像中華料理店外送一樣，還要去回收空盤子。夜間的外送打工比起其他餐點外送，還算是比較不辛苦的。

於是我便找到做宵夜的餐廳，開始工作。那時是炎熱的暑假，從傍晚六點開始打工到隔天早上六點，總共做十二小時外送。

做了夜間外送才知道，夏天的晚上還是會冷，在清晨騎著摩托車奔馳，更冷。因此出去外送，總會準備一件外套。

●用生命換取速度

在做外送打工時最常面對的事情，就是客人挑剔外送送得太慢而發脾氣。但也有客人就算沒有晚到太多也照樣破口大罵，特別是下雨或下雪的天氣更是如此。有些工讀生就是太注重速度，在外送途中出了車禍，其實貨運司機們也一樣。在外送餐點時常常會遇到貨運司機們，他們連好好吃一頓飯的時間都沒有，送貨送到三更半夜，四處奔走著。**就算天氣再怎麼不好，外送只要晚一點點到，就得看客人火冒三丈的眼神。原來在客人眼中，我們並不是人類，而只是一個服務的手段罷了。**

「原來比起我的安全，餐點一定要快速到達才是更重要的事情啊！」

腦中閃過這個想法，讓我鼻頭一酸。

在做別的打工時，會從客人口中聽到「謝謝」或是「我吃飽了」之類的回饋，但是在做外送打工時，幾乎聽不到這些話。

「多少錢？」
「請放在那邊。」
「為什麼這麼晚到？」
這些幾乎就是我聽到的所有回應了。
另外，還有許多客人會提出一些無理的要求。有不少客人要求在外送來的路上順道幫忙買個香菸，甚至有很多客人把垃圾交到我手上，要求我在離開的時候，順便拿去丟。如果回答要求我去買菸的客人說：「客人，不好意思，我還是學生，沒辦法買香菸。」通常會聽到這樣的回應：
「你不抽菸嗎？」
「是的，我不抽菸。」
一般來說聽到這裡應該就會放棄，但還是會有客人任性地繼續要求：「那你早上去買一次看看。」或是「之前的工讀生也是學生，就幫我買了呀？你跟老闆講一聲，要他買不就好了。」而我則是一次都沒有幫忙買。因為如果幫忙買個一兩次，這就會變成理所當然的事情了。我討厭不合理的事情被合理化。
曾有次在清晨送外送到某個住家去，有兩位女客人對我大聲嚷嚷著說她們只喝〇〇牌燒酒，而我卻帶了△△牌燒酒過來。因此跑到店裡抓著老闆的頭髮大打出手，最後還去了派出所。

有位喜歡吃生拌牛肉的客人，看到我就叫「喂，生拌牛肉」，還有位訂了牛肉蓋飯的客人對著我喊「喂，牛肉」。我在這之中銘心刻骨地感受到，人們是如何輕視對待做外送打工的人。

我突然覺得，如果不是像我這種只在放學期間做打工，而是以外送員當做正職的人，應該很難在工作上感受到自己的價值。外送最講究的是迅速，要是慢了一點，一方面會被客人怒罵，另一方面回到店裡又會被老闆罵，因此必須要由熟練騎摩托車的人來做才行。當時其他朋友打工的店，有明訂外送時間，若是一件外送慢了二十到三十分鐘便會挨罵，更甚者有的店家會依據晚送達的時間扣減他的打工費。我騎摩托車算快的，從來沒有被老闆教訓或使眼色說我送得慢。老闆反而時常擔心，叮囑我要小心駕駛。

打工做著做著，有時還必須送外送到認識的人家裡。這種時候我都會戴著安全帽進門。幸好一次都沒被人認出來。

在做外送時，令人矚目的就是點外送的人。

外送的打工真是別有一番天地。每去到一個新的地址，就如同見識一個新世界。每當收到新的訂單，就會想，這次又會去什麼樣的地方呢？

有天在清晨時分外送到一個普通人家時，看到停在房子外的一輛車內有個人拿著無線對講機正在盯哨，一看到我就對著無線對講機講了話，門就開了。一進門發現房子裡到處都安裝了監視攝影機，打開玄關門，裡面又有兩道鐵窗防盜門。接著打開層層深鎖的門進到最裡面，映入眼簾的就像《老千》電影場景一般的光景。

香菸濃霧瀰漫，在起居房裡有個可以將屋裡屋外一覽無遺的監視螢幕。在旁邊坐著一位拿著無線對講機正在監視的人。在起居室及房間到處聚集著人，各自開臺賭博著。生平所見之神奇光景，讓我看得目不轉睛。從外面看起來是個普通平凡人家，但一進門卻是完全不一樣的世界。平時肉眼所見只是冰山一角。

送完餐一到外面，在房子外面站哨的男人大聲叫住我。他使盡吃奶的力氣，在臉上擠出最嚇人的表情說著：

「喂，你在這裡看到的，就當沒看過。如果鴿子來了，就當是你去報警的。」

「切，大叔你講話那麼大聲，才會被誰報警呢！」

這句話在他面前我說不出口，只能在心裡嘀咕著。

在晚上釣魚的釣客，也常常訂外送宵夜來吃。場所則是偏遠的橋下或是江邊。眾所皆知的是，河川或江邊是沒有地址的。

「我在〇〇橋的第三根電線杆底下。」

「過第幾個紅綠燈再往上走然後左轉。」

「這裡是樹林，不過，來了你就會看到人。」

一到現場，發現周圍是河川和整片的蘆葦田。找人的任務十分艱難，在找的過程中甚至想放棄回頭。這時想起小時候玩捉迷藏時，只要喊「老鷹找不到啦！」朋友們就會跑出來，於是我就對著黑暗的天空大喊「外送來了！」接著就有人像是潛伏的軍人從草叢中出來，一個一個出現，這樣終於完成外送任務。

汽車旅館和旅館這類住宿設施，或是KTV這類娛樂場所，也常常是叫外送的地方。有一次送去汽車旅館，在訂購兩人份餐點的電話中，聽到了一對男女的聲音。到了客人指定的旅館房間時，我按了電鈴，門開了。在交付餐點和收取費用的短暫時間內，我得知裡面的男女並非夫妻關係。

「我家小孩學校休假，只待在家裡。」

「是嗎？我家小孩到處去玩，可忙著呢。」

這情景搞得只有我一個人覺得尷尬，慌慌張張地退到門外來。這些人為什麼這樣過生活呢？不會想到因為自己受傷的家人嗎？難道不會想到會受傷的子女嗎？這令我想起小時候的事情，真令人傷心。

結束外送的工作，在回去的路上接到了父親的電話。父親問我是不是在做外送打工？我回答「是」。父親說看到我帶著鐵箱子做外送的樣子，跟我說最好不要做了。而我那天就辭掉了這份工作。

做外送打工令我時常感到羞愧。**人們會隨意對待從事比自己「工作還不好」的人。我因為被人隨意對待感到羞愧，而對於因此感到羞愧的我，更感到難過。**

因為打工，我學到了……

做宵夜外送，讓我得知這個世界上生活著各式各樣的人。

06

正職、約聘、實習生

所謂的實習制度，
是為了讓正在準備就業的學生累積現場經驗所存在的。
但在這個看似美好的制度底下，
卻充滿著惡劣的工作環境和低廉的勞動成本，
以及企業的壓榨。

我是從高職畢業的。企業辦的高職學校，通常在高三念完就會直接出校園就業。在那段時期，我曾經到龜尾市的一間電子產品工廠「學科就業」❶。龜尾市放眼望去都是工廠，除了第一工業園區、第二工業園區以外，只要稍微離開住宅區或市區，也不難看到那些大大小小的工廠。

當時我以實習生的身分在現場工作，所得知的一個事實就是：**在學校所學到的內容，大部分都與職場不相符。**

我就讀的科系是電子系，高職三年的生活中總是拿著焊錫，認真準備考試。當取得電子機器技能師的資格證照時，到了現場一看，焊錫的工作都是由機械在代勞。除此之外，在學校學習、練習的技術在瞬間變得毫無用處的例子隨處可見，這難免令我感到懷疑：到底為什麼我要花三年的光陰在學校？

我工作的工廠是製造ＰＤＰ的地方，所謂ＰＤＰ是電視機裡重要的零件之一，外表像是一塊薄的玻璃。勤務型態分為三個交替班次，上午班是早上七點至下午三點、下午班是下午三點至晚間十一點、夜間班是晚間十一點至隔天早上七點。雖然這個制度比起其他連續工作兩班次或每二十四小時交班的人好很多，但如果被編列到週末組，就必須連續工作兩個班次才能休息，也就是在週末時，得一天工作十六個小時。

❶在韓國的實業系列高職學校、專門職業大學，若科系有和企業簽署就業、實習等合作契約，稱為「協約學科」。就讀協約學科時可至該企業實習工作，稱為「學科就業」，在臺灣稱作「建教合作」。

一到工廠，會先全副武裝地穿上防塵衣、防塵鞋、防塵口罩，戴上棉手套，最後再套上橡膠手套，才能投入勤務。工廠的環境溫度約攝氏五十度，非常熱，而像我這種長時間待在玻璃岩漿旁的工作人員，所感受到的體感溫度就更高了。工作現場實在太炎熱，不到一個星期就有三個人辭去工作，而我則強忍著痛苦想要堅持下來。

一層樓有八個會噴出玻璃岩漿的機械生產線，把玻璃溶液像岩漿一樣熔化，透過機械噴出之後製成一片片的玻璃，最後掉進鐵桶裡，當鐵桶裝滿玻璃就可以開始注入冷空氣，進行長時間的冷卻，接著將它們放到磅秤上秤重，依照指定重量分裝到巨大的塑膠袋裡綁好，最後整整齊齊地放到木棧板上，好讓堆高機搬運。

若生產線的鐵桶都裝得滿滿的，就必須把它們換下來。每次裝滿玻璃，大約會花費五到十五分鐘的時間。如果玻璃裝得太滿，累積起來的高溫可能會引發火災，所以每一個在生產線上的工作人員都一定得聚精會神地處理每一個環節。由於機械必須二十四小時不停歇地運轉，因此工廠裡必須隨時有人看守，無論是去上廁所、吃飯、接電話，都一定要和其他人交替著才能去。

另外，也因為我們總是滿身大汗地搬運沉重的鐵桶、包裝玻璃片，所以現場都配有食鹽葡萄糖和運動飲料，是一份艱苦又重勞動的工作呢！

●我是實習生，還是奴隸？

當時我拿到的月薪大約是五萬七千元左右。在休息室休息時，正職員工們自然而然會聊到薪水的事情，而我則在一旁小心翼翼地聽著。於是，他們也對我拿多少薪水感興趣了。

「我大概有五萬七千元進帳。大叔呢？」

「哦，拿不少嘛！雖然說我拿到的也差不多啦……」

不過從他們的表情和語氣，可以感受到事實並非如此。

「請問，在這裡工作的正職員工和我們拿的薪水是不一樣的嗎？」

「再怎麼說，也不可能完全一樣吧？你們是實習生呀！」

「為什麼呢？明明在一樣的時間內做一樣的事呀！」

「講什麼話！你在別的公司也一樣，正職員工和約聘員工的月薪本來就不一樣。不然你畢業後也進來做正職啊！」

●安全只靠運氣

在各式各樣的工作職場，都有著現場實習制度。在學校正準備就業的學生會去實習，或是在準備取得資格證照的人也會為了累積現場經驗而去實習。雖然在制度上看起來是勞動者和企業雙贏的局面，但現實並非如此。

實習生是為了學習和訓練才來到工作現場，所以不能做和正職勞工一模一樣的工作內容。但是在我實習的工廠裡，做的工作卻和正職勞工沒兩樣。

我在這裡並非只是單純在學習，而是如同勞工一般，扮演著完全相同的勞動角色。和在學校聽到「為了熟悉現場、學習工作所進行的實習」的說法完全不同。在企業的立場，則是和免費勞工或低廉勞工沒有什麼兩樣。

實習生們在工作時，幾乎承攬了所有必要的業務內容。在公司裡把零食發派到各個組別時，是由實習生拿去分發，而整理手套、口罩濾網等勤務上必要的大小備品，也是實習生的責任。

在我執勤的地方，上面一個樓層裡儲藏了很多化學藥品。雖然我不清楚是什麼藥品，但學長們總是叮囑我最好不要進到那一層樓。曾經聽別人說，那層樓裡面擺放很多超大麻布袋，而麻布袋上都寫著「一級致癌物質」「注意」「有害物質」等警告標語。甚至傳言有些麻布袋上還畫著骷髏頭。

有次不知道什麼原因，放在那邊的麻布袋破掉，內容物噴灑到地上，發生了外洩到下一層樓的事件。那時上司指示我到該樓層去把粉末清理乾淨，並把破掉的麻布袋換成新的。但我又不是在上層樓執勤的人，而且聽了那麼多危險的傳聞，為什麼上司還要指定我去呢？我不知所措，在原地東張西望，上司便提高音量問我怎麼不趕快上去。

「我又沒有犯什麼錯，為什麼我要去弄？」

因為實在是太害怕了，無論如何我都不想上去，而且就算我一定得上去，至少也要和一位有經驗的人同行，才能安全地處理。但是上司發脾氣地指責我，說我在胡言亂語。

「因為你最年輕。這種事本來就是年紀最小的人來做呀！」

平時尊卑的順序都是用經歷多寡來排列，這時規則就突然變成用年齡大小來排序了。

「去把口罩濾網換新的戴上，在那邊絕對不能拿掉口罩。」

接到指示說是我得去把極度危險的物質清理乾淨，而「安全教育」就只有這短短的一句話，結果最後我只能獨自一人完成這項任務，才得以下樓脫身。

做為實習生出來實習，從來沒有聽說過勤務的範圍和基準，也沒有接受過操作守則之類的教育或指示。並不是說實習制度本身不好，而是職場上盡是空有著制度，卻從來沒有人確實遵守它。

最近在新聞媒體上看到有實習生在職場死亡的報導，實在非常難過，而我也處在相同的立場。在實習現場不要發生事故，並非工作做得熟練與否，而是運氣好不好罷了。**教科書外的世界真的很不一樣。如果差異這麼大的話，我不知道為什麼還要這麼認真念書。**

在所有的教育過程中，都說實習是為了學生著想，但實則也並非如此。在這些以美麗的道義名分和修飾詞藻的話語背後，躲藏著真正獲取利益的人。

因為打工，我學到了……

若是強求實習生和正職員工一樣熟練地工作，
至少必須保障他們獲得相應的安全環境與待遇，才是正確的。

07

把「大企業」當作夢想的社會

這是個人人都夢想著進入大企業和當公務員的社會，
所有人都把自己塑造成符合大企業需要的樣子，
並依此寫下個人生涯規畫，
大學變得像是企業的附屬組織。
我們到底為什麼要上大學呢？

在國中時，有一位朋友因為喜歡玩遊戲，所以決定不讀高中，到首爾去了。後來他成為一位知名的程式設計師，甚至還上了電視；還有位朋友每天找跳舞的影片來看，整天跳舞，並在全國歌唱比賽中得了獎❶，現在還組隊到各地接表演活動賺錢。但這也僅限於他們，而其他的朋友都走上同一條路——在決定大學的時候先看看大學的招牌，如果這招牌又大又華麗，再選擇科系。我哥哥這樣做，我也如此。

事實上當我們還是高中生的時候，要明確知道自己未來要做什麼，是一件非常困難的事情。但我們仍然得在所謂大學的分水嶺上，選擇自己的將來與主修科系。

我要去哪所大學、讀什麼科系，都是我父親幫我決定的。從讀小學到成為一名高三考生為止，都是聽命於父母的指示過活，突然要我決定未來要做的事情、選擇生涯道路，實在令我不知所措，因此這次還是任由父親幫我決定。

我也能像兩位朋友一樣，為了喜歡的事情勇敢地拋棄一切嗎？要是我說我要去做遊戲相關產業，不去就讀以升學為目標的高中了，父親一定會大發雷霆。但我知道這是我的藉口，因為就算父親允許，我也沒有放棄學業並離去的勇氣。

看著那些知道自己真的喜歡什麼，又有勇氣去實行而幸福快樂的朋友，頓時覺得自己怎麼會沒有喜歡做的事情呢？說來慚愧。

直到決定大學的那個重要的時刻，我連自己喜歡什麼、擅長什麼，以及未來要如何生活下去，都一無所知。

或許正因為如此，「上大學」這件事對我來說並沒有什麼太大的意義。

●大學是什麼？

當我鼓起勇氣，說出自己不要繼續升學到大學時，父親語帶威脅地恐嚇我：

「現代人大學沒畢業，結婚很難，也別想就業！」

真是可怕。而我所有的朋友都說要繼續升學，好像不去不行一樣。另外也擔心如果其他人全都要去讀大學，只有我不去，就好像低人一等似的。

好吧，那就先依照父親說的，去讀讀看吧。我期待成為大學生之後，會擁有各種選擇權，也可以找到方向。但說實在的，比起期待，我是真心希望這些事情都能夠實現。

我進了一間據說就業率很高的鄉下大學就讀環境系，在新生說明會當天，我們必須在自我介紹的同時發表進這個科系的志願動機。

整個科系的學生齊聚一堂，一個一個上臺，而他們發表的內容都像是打從出生開

---

❶相較於日本J-POP歌星表演時多為手部動作，韓國K-POP歌星在臺上會有許多舞臺動作。所以參加韓國的歌唱比賽，除了唱歌，亦非常注重參賽者的舞臺表現。

始就認知到地球和環境問題非常嚴重，並苦惱著解決方案似的講著輝煌燦爛的動機和覺悟。大家說著說著，就輪到我了。

「我叫黃海樹，是一位總是對許多事情感到徬徨的青年。我是因為爸爸說在這裡畢業的學生出去外面工作的就業率很高，所以就來了。」

話一說完，大家都用「這傢伙是怎樣？」一般不可思議的表情看著我。這一番言論雖然聽起來讓我像個蠢蛋，但我一點也不想去編造什麼甜言蜜語。

「那麼未來就請多指教了。」

我回到自己的位置上坐下。就這樣過了大概四個月，慢慢開始感覺到，大學不過是高中的延續罷了。

我原本以為來到大學之後可以決定及找到自己未來的方向，但這個世界想要的，只是我的好成績和希望我進大企業就業罷了。

在企業就業的學長姐回來和學弟妹握手，以成功的社會人士姿態教導我們所需的學經歷和知識，而教授則向我們說明學分、學經歷以及多益等進入大企業所需要的條件。在我的眼中，教室裡面的學生看起來都像是為了進入大企業而出生的人似的。

我本來以為進了大學，是為了見識及經歷更廣闊的世界，一面進行多元的思考並選擇自己的出路及適合自己的職業。但事實並非如此。

教授說明著進入大企業的方法，學生們也為了進入大企業而累積學經歷、考證照、累積實習經驗。大學就像是企業的附屬機關一樣。每個人都做著大企業的美夢，用心成為大企業所需要的人才，好似一個神聖不可違背的思想。

隨著時間流逝，空虛感更加龐大。

難道說我認真念書累積學經歷，在激烈的競爭中脫穎而出，順利去大企業就職，就能為我的空虛感帶來慰藉嗎？我甚至不知道自己喜歡做的工作是什麼……進入人人稱羨的大企業，成為社會一部分的齒輪，難道就能讓我得到幸福嗎？

我沒有欲望再去上任何一堂課，也沒有動力再進任何一間教室，最後我在入學不到四個月後就踏出大學的大門。在我的周遭，有人說我幹得好，鼓勵我才二十歲想做什麼都可以；也有人像我爸一樣，恐嚇著我，說最近的人沒讀完大學很難結婚也很難就業。事實上「恐嚇」我的人占大多數，但就憑著父母的期待和周圍人的視線，是不足以判斷我所做的決定是錯的。

我想趁一切都太遲之前，像朋友一樣尋找到自己真正想做的事情。

因為打工，我學到了……

還有什麼事情比這輩子只遵照父母期望過活要來得傻呢？

在一切都太遲之前，趕緊找到自己想做的事情吧！

我們的教育，
沒辦法提供足夠的經驗，
讓大家可以自行決定未來的出路。
大學和高中也沒什麼兩樣。
為什麼不給我們思考的時間呢？

08

就連一百公克也令人備感壓力的生活

廣告傳單一張的重量是一百公克。
但是在這當中卻完整承載著生命的重量。
無論是製作它的人，還是分送它的人，都能切深地感受到。

在去服兵役之前，我曾經在網咖工作。在網咖打工開始之後沒多久，老闆就對我下了個特別指令。老闆說這附近大約有三間新開的網咖，要我去打探那邊的服務和營運方式。我一方面覺得老闆真是會指使人，一方面又覺得自己好像一名偵探，感到有趣又興奮，但老闆卻是眉頭深鎖，臉上寫滿憂愁。

我在老闆給的三個地址之中，從最近的開始依序探訪。開門走進去才剛坐下，原本坐在櫃檯一位身材苗條的長髮美女走了過來，用嬌滴滴的語氣向我搭話。

「你好哇，你要喝可樂咩？還是要來點雪碧捏？」

她的國語一定是沒學好。雖然我這樣想，但臉上卻自然而然地露出笑容。雖然得假裝很專心地使用電腦，但眼神卻不知不覺地望向櫃檯。這裡的客人不用多說，大部分都是男性居多，我仔細調查這裡的電腦屬性和性能，並仔細記錄客人的年齡層和所玩的遊戲，一一筆記到手機裡，而有位長髮美女在這裡工作的事情，就沒有特別將它寫上去，因為心中突然感到不安，好像寫了就會威脅到自己的工作似的。我可不想「被」自願離職。

結束了這次的探訪，我往下一間網咖走去。在網咖的門口掛有一條巨大的布條，上面寫著：「開幕特價每小時二十三元」。

每小時二十三元的公告實在嚇到我了。因為在當時其他的網咖，收費都是每小時三十元。一開門走進去，我感受到一種豁然開朗的氣氛。我工作的地方在二樓（沒有電梯），必須要走樓梯才能上去，而有漂亮小姐的網咖是在地下一樓。但這間網咖就在一樓，不必上下樓梯，不像一般網咖給人又暗又是密閉空間的印象，這裡燈光明亮，四面牆上的窗戶也都敞開著。

之後去了最後一間網咖，這間店會自行定期舉辦電競大賽，還會頒發優勝獎金給贏得比賽的客人。

在外面見識過同業之後，想了不少事情。漂亮的小姐和性能好的電腦自然不用說，提供舒適空間、提供差別化服務的新店面如雨後春筍般冒出，雖然我親眼確認了這些事情，但也不自覺地對派我出去調查的老闆臉上那僵硬的表情感到認同。突然覺得，我只要拿到符合工作時間長度的打工費就好了，實在是比當老闆輕鬆太多。也不禁好奇，老闆要如何從這種膠著狀態中解脫？

回到店裡，我向老闆一五一十地報告。老闆嘆著氣說：「難道得出去發傳單嗎……？」

●一張沉重的紙

「啊，實在是束手無策呀！」

聽老闆這樣說，我心中也感到沉重。以做過發傳單打工的立場來說，實在是太可以理解了。我知道每個小商店都不例外地努力發送傳單，但卻很難期待有巨大的效果，也知道傳單不能不發的無奈感。

發傳單打工大致可以分為兩大類，一種是在地鐵站或人來人往的街上站著分送，一種是挨家挨戶張貼。

前者優點是不必四處奔波，但卻必須面對人群並分送，而後者雖然必須背著厚重的背包奔走一整天，但卻有著不必接觸人群的優點。

我選擇了後者。一開始覺得不用直接面對人應該沒關係，但實際做起來並非如此，想像和實際遇到的經驗是天差地別的。我主要是去公寓和別墅等地方貼傳單，卻有不少意料之外的狀況，也發生許多令人難堪的事情。

出去貼一次傳單，一般來說必須貼六百到八百張左右。準備好一大捆傳單、剪刀、膠帶及飲水放進背包，那重量可不是開玩笑的。吃力地走到建築物入口，工作也無法順利進行。因為有保全系統阻止我進到裡面，或是被人認出是發傳單的工讀生，就會被趕出來。所以我在公寓入口等著，當有居民進入時就自然地跟在後面走進去，有時也會拿出手機，假裝在講電話地跟在居民後頭。

搭了電梯到最頂樓，一層一層往下貼傳單，由於被居民撞見的話就會被告到警衛室去，便時常緊張地東張西望。雖然居民們看到在貼傳單的人通常會露出嫌惡的表情，但偶爾也會有好心人一邊說著「年輕人辛苦了」，一邊遞上水給我解渴。

在外頭貼傳單，也常常會遇見拿著中華料理店、炸雞店、比薩店等店面的傳單在張貼的人。他們總是戴著耳機，不說一句多餘的話，默默地工作著。有一天被同是張貼傳單的人撞見我抱著滿手傳單並趕著張貼的樣子。他大概是看不下去了，跑來對我說：

「傳單很難全部發完的啦！你就看情況偷偷丟了吧！」

「什麼？如果被抓到我把傳單丟掉的話怎麼辦？」

「反正不會有人去一一確認的啦！」

老闆的確沒辦法仔細確認我到底有沒有把傳單貼出去，因此也有人惡意利用這點。有些人會一開始就丟掉一定的量才開始張貼，而有些人則是一邊丟一邊貼。在這事件之前我總是認真張貼，但在那之後只要腳痛或感到厭煩的時候，這些話就會浮現在腦海中，讓我想著要不要也依樣畫葫蘆，在心裡不斷掙扎著。

在張貼傳單過程中，自然而然會去閱讀傳單的內容。傳單內容十之八九都是寫著買一送一、特價、折扣等等。如果事業順遂、生意興隆的話，就沒有宣傳的必要，也沒有理由去做削價競爭。

想像著老闆別無他法只能這樣做的心情，最後我還是無法把傳單拿去丟掉。

另外，我也發現，小商店的老闆雖然為了招攬客戶用心良苦，但所用的方法都意外地平凡。然而一般的行銷方法對客戶來說，並不吸引人。

為了招攬顧客，似乎要有更創新的方法才行。但對於小商店的老闆來說，是很難獨自辦到的事情。

要在這個世界生活下去真是困難。

在網咖櫃檯的螢幕上，即時顯示著有幾個人正在使用電腦、今天賺的錢有多少，一目瞭然。老闆只要看到畫面上沒有客人、一片空白時，就會嘆著氣說著：

「我有時還真羨慕只專注在打工的海樹。」

學校只教我們要以好成績為目標，沒想到到了社會，這個目標仍然沒變，看著老闆的表情變化，就不難猜到要繳電費和店租的日子快到了。

當我看到老闆憂心忡忡的表情，心裡也十分難受，我能做的事就只有認真工作，甚至刻意笑著認真工作。或許因為我工作很認真，老闆總是對我不錯，他常常把「羨慕打工的海樹」當作口頭禪掛在嘴邊，而且把我當成「人」一般看待，我喜歡這樣的老闆。

每天和老闆一起面對人群，也和客人也逐漸親近，雖然只是每天見面打招呼，人對人產生感情似乎不是難事。有不少小學生對著我「大叔、大叔」地叫，也有可愛的小學男生說因為他們全家要搬家到別的地方，所以送給我他愛吃的垃圾食物當作餞別禮。

在週末客人多到座無虛席時，老闆的表情看起來相對輕鬆，而在沒有客人、門可羅雀的時候，老闆的臉上就堆滿憂愁。就像老闆所說的，像我這樣不必多想，只要在預定的時間上班，拿著月薪的員工，有時也比當老闆來得好吧。

一張廣告傳單的重量是一百公克。但是這其中所乘載的，卻是某個人的生命重量，著實不輕。

因為打工，我學到了……

發傳單的打工在傳單還沒全部貼完之前，無法下班，人生也是一樣，在還沒完成自己來到這世界的任務之前，是沒辦法退場的。

09

在大韓民國，到處都是差別待遇

只要是韓國的男生，就有服兵役的國民義務，
但是在軍隊裡同樣也有「金錢就是力量」的共同語言。
難道在我們的社會裡，沒有讓金錢和權力無用武之地的地方嗎？

據說這世界上，沒有人比韓國男生更愛聊軍隊話題。每人一生一次，而且還是在二十歲出頭這個人生黃金時期的年紀，一定令人印象十分深刻，很多話題可以侃侃而談。我並沒有想說活捉武裝共匪，或是在訓練途中抓到野豬那類的吹牛大話，可是卻有著不吐不快的故事。

在入伍的那天，我在部隊附近的牛肉店裡吃了昂貴的韓牛料理，但卻食不知味。我就像隻被拖去屠宰場的牛一樣，拖著沉重的腳步走向新訓中心。意料之外的是，戴著紅

色呆瓜帽的助教對我們說著敬語，親切地接待我們。

直到父母離去為止。

把父母送走後，便開始入伍儀式。語氣自然而然地從敬語切換成半語❶，講話的音量也隨之提高，這一切倒是在意料之中。一位高軍階的軍人站上了講臺，抓著麥克風要大家注意：

「好，注意！今天入伍的人之中，有家境很好，名字喊出來大家都知道，是家喻戶曉那種程度的有名人士，請到前面來。」

是我聽錯了嗎？我豎起耳朵，洗耳恭聽。

「今天入伍的人之中，家境好或是有名的人。到前面來！」

「如果不知道自己家境算不算好，但覺得也算過得還不錯的人，也到前面來。」

真是不可理喻。

在學校聽過老師講過這一席話：「軍隊，是在同樣的地方、穿同樣的衣服、吃同樣的飯，這世界上獨一無二人人平等的組織。」在我入伍的這一瞬間便立刻證明是錯的。在幾百人的入伍生中，有幾個人走到前面，同時也有幾位軍人走近他們，對他們講好一段時間的話，接著寫下不知道是什麼內容的東西，便要他們歸隊。

他們神采飛揚地回到隊伍裡，而沒出去的人在底下竊竊私語，有人暗自咒罵著，但不難感受到這些沒出去的人既散發出一種虛脫感，同時也流露出對出列的人羨慕不已的神情。

結束入伍典禮進入生活館後，我們分別拿到一張紙，要我們寫下父母的職業和所得、家庭環境、有沒有女朋友，如果有女朋友的話還得寫上交往了多久，甚至也得寫下女朋友的職業。

我拿起筆。我活到今天還沒有想過自己的父母離婚這件事是不對的，更沒有引以為恥，因此就一五一十地全都寫下了。而在服役期間才知道，因為父母離異，讓我在分配隊伍之前，就被納入「關懷士兵」的分類之中。

其他士兵的狀況也沒兩樣。像我這種在父母離異的家庭環境中長大的士兵，或是在入伍前於病床邊照顧重病母親的士兵，諸如此類家中有困難的同梯士兵，都會被分類到

❶ 韓語在對話時必須依照雙方年齡長幼、階級大小、職級高低等標準，來決定對話時使用敬語（下對上）或半語（平等或上對下）等規則。

關懷士兵的清單上，甚至連跟女朋友分手沒多久的士兵，也包含在其中。

出生時子女難道可以選擇父母嗎？家庭貧困是子女的錯嗎？父母離婚這件事，難道不是父母自己的選擇嗎？

把這種家庭的子女當作問題人士似地分類到同一個等級，跟「連坐罪」有什麼兩樣？

除此之外，我認為有權有勢的人能夠自然而然地被排除在一般分隊之外這件事，是非常不正當的。

●學弟變更職位的原因

軍隊會時不時地舉行各種活動，像是兒童節的時候，我們會到營區外的公園展示軍事物品給小朋友看，或是舉辦槍枝（模型）射擊的體驗活動。

某次曾經和大隊長一同出席一個地方的慶典，那時，有位穿西裝的人遠遠地呼喚大隊長。

「大隊長！大隊長！」

大隊長聽到後，便急急忙忙地跑過去，我覺得非常不對勁，因為在我的軍隊生活中，這是第一次看見大隊長被呼喚之後，直接以跑步的方式過去，是個難得一見的光景。在慌張之餘，我也跟著跑過去。原來呼喚大隊長的人並非泛泛之輩，而是位國會議員，我之前在電視上常常看到他，因此可以輕易地認出來。他把手放進西裝口袋裡，拿出一本筆記本。

這怎麼可能！我嚇到雙眼瞪得圓圓的。

那本筆記本上，寫著我在軍中的學弟的名字。學弟的名字為什麼會寫在那？我把所有精神專注在那上面，這位國會議員用筆指著學弟的名字，對著大隊長問著：

「知道在部隊裡的這位士兵嗎？」

「是，知道。」

「好，那麼請您多花些心思……」

話題就這樣繼續下去。當他一說完，大隊長立即回答說「是！」這對我來說相當具有衝擊性。這位學弟的年紀比我還大，在剛入伍時就隱約覺得他跟其他學弟有什麼不一樣。聽說他是位明星大學的在校生，家境富裕，有很多傳言說這位學弟並非一位普通的二十幾歲青年。

在當時，他的腳打了石膏，而或許因為這件事，他的職位被變更到福利社管理兵去。福利社管理兵不必執行勤務，訓練和工作也都排除在外，所以是部隊中人人稱羨的「爽缺」。我在那天目擊到的事情，無法告訴其他士兵，我不想讓那些像我這樣沒錢沒背景的平凡士兵，也一起體驗到那天我所感受到的無力感。

我無法得知他變更職位的理由，是腿上打了石膏，還是因為國會議員的關說。不過在當兵時難免會受傷，不禁讓我思考，要是一般市井小民的孩子受了傷，也能得到相同的關心與待遇嗎？

五年後，第一次聽到崔順實❷的女兒❸說：「金錢也是實力，你們要怪就去怪自己的父母。」讓我想起了這些忘卻許久的記憶。聽到這句猛然在韓國社會掀起一陣波瀾的話，讓我好幾天無法入睡。想躺下睡覺，卻無法消退那令人氣絕的怒火。

原因並非只在那位理所當然說出那句話的無禮傢伙身上。而是在平凡的日常生活中，刻骨銘心地感受到錢確實是實力的事實。無法否認她說的話，實在令人憤怒萬分。

還有比被有權有勢的人獨掌特權，更讓市井小民灰心喪氣的事情嗎？

如果這個社會能夠讓每個人都盡相同的義務就好了。

因為打工，我學到了……

雖然說打工也有差別待遇，

但我或許不再期待所謂軍隊會有平等這件事發生。

❷ 前韓國總統朴槿惠的親信。是二〇一六年韓國「親信干政」政治醜聞主要人物。

❸ 鄭維羅，在二〇一四年以「馬術特技生」身分特招進入梨花女子大學體育教育系，其後在網路上高調炫富並諷刺家境不好的人「要怪就怪自己的父母」。

10

在強調正確答案的社會中，尋找答案

有很多書都在講解生活的智慧和方向，
但是書中所寫的只是其他人的經驗罷了，
書說到底只是指引的工具，
生命的正確答案，還是得靠自己去找。

最近的書店簡直就是自我開發、勵志類型書籍的盛會，雖然其他類別的新書也不少，但卻沒有像勵志類型書籍那麼多。從這現象不難得知，準備就業的學生及上班族想透過這類書籍強化自己的意志，以克服景氣低迷和就業困難的氛圍。而在尋找自我開發類書籍的人背後，存在著要求我們「自我開發」的社會。

如果有人問我，至今所做過最好的事情是什麼，我一定毫不猶豫地回答「讀了很多書」。就算說我把韓國市面上所有的自我開發、勵志類型書籍都讀完了也不為過。

讓我閱讀很多書的契機，是「軍隊」。軍隊是個適合讀書的地方，在服役的兩年間，我大概每週可以讀兩本書，在退伍後也持續著閱讀的習慣，迄今大概讀了有五百多本書。我也會將一些自己覺得忘了可惜的內容抄寫在筆記本上，整理下來也能累積幾本書的分量。

在筆記本的封面上，我寫了"He can do it, She can do it, Why not me?" 這句話，每當我開始新的工作，卻處在意志薄弱、需要賦予動機時，就習慣性地拿出來反覆看著。這樣做，對我有很大的幫助。

有趣的是，在閱讀後整理出一些內容才知道，所有的書所傳遞的訊息都相當雷同。**做想做的工作、找喜歡的工作、擴展你的夢想、要正面思考、絕對不要放棄……**書所要傳達的訊息，都離不開這個框架。

●尋找答案是自己的責任，書只是指引罷了

每本書都在傳遞這種完美的概念，而人們則去讀這些東西。

每讀幾本書，就會發現其實就是不斷在接觸同一個概念，但為什麼我們的生命沒有變得不同呢？

我思考出來的理由是這樣的：在不知道自己是誰、不知道該怎麼生活下去的狀態下，是無法適用任何一本書上所說的概念的。有許多人找不到自己的生活目標，每天只是汲汲營營地做著自己該做的事。在這種狀況下，不管讀到再美好的書，也只是得到一時的慰藉罷了。

不知道自己是誰、該做什麼事情、該拋棄什麼時，又能做出什麼努力呢？尋找答案這件事到最後還是自己的責任，不是嗎？

我並不是說書是無用之物，我的意思是，書能夠幫助我，但卻無法替我找到答案。

另外，解決人生問題的方式千差萬別，若聽成功人士的演講或著作，會發現有人提倡只專心挖一口井，也有人提倡一次挖很多口井；有人提倡去做自己喜歡的工作，也有人提倡去做自己擅長的工作；有人提倡要累積很多學經歷，也有人提倡只累積必要的學經歷就好；有些人認為高學歷是重要的，也有人認為比起高學歷，實質的經驗才重要等等論點，各不相同。

同樣的道理，每一位讀者的個性也都不一樣，因此在書中所說的正確答案，無法直接成為自己人生的答案。

人們總說韓國是個「正確答案社會」，在班上必須拿到前幾名、必須從哪所大學畢業，才能去有名的大企業就業或是成為公務員。我在公司裡遇到無數位上班族、公務員、自營業者們都有個共通點——很多人都不知道自己為什麼要從事這份工作。因為從小就開始顧慮著父母的期待、社會的批判以及周遭的視線，從來沒有為自己做過選擇。

就這樣走下去也可以嗎？無論是默默遵守、依循父母要求的人，或是像我一樣隨心所欲過活的人，可以就這樣維持現在的腳步嗎？難道不是要在更來不及之前，停下腳步嗎？

書雖然能給我們的生命帶來許多幫助，但為了正確地了解自己，則需要其他方法。為了尋找我真正喜歡的是什麼，為了發現自己正在走的路是不是時候該停下來思考，就算只是一下下也好，因此我想盡可能地嘗試許多工作。我想透過打工，處在多元的環境裡，從中知道我最擅長做什麼、最喜歡什麼，並同時培養出各種能力。

能夠回答「你喜歡吃什麼料理？」這個問題，就是因為嘗過很多種料理。正因為接觸過各種不同種類的料理，才能正確地得知自己吃什麼東西時，才能感受到美味。同樣的，想要更了解自己、想要尋找喜歡的工作，並不是愜意地坐在窗邊讀著書上的文字就可以得到答案，而是要去外面親身衝撞、直接體驗，才是最好的方法。我在別人讀大學、準備就業的時候跑去打工，也是出於這個緣故。

有句俗諺說「百聞不如一見」。讀過一百本、一千本書，是非常有價值的事情，但更重要的是直接去現場親自體驗。

在書桌前的學習雖然好，但如果離開書桌的學習也能被重視，就太好了。

因為打工，我學到了……

雖然好好念書這句話實在陳舊迂腐，

但實際經歷了才知道，讀書真的很重要。

第二章

我所成長的世界，編織夢想的地方

我所遇見的人，

就算已經進了好的公司、擁有令人羨慕的職業，

仍然徬徨不已。

人要是不知道自己走什麼路，是幸福不起來的。

但是為什麼大人們總是說

「進好的公司、有好的職業，人生就成功了」呢？

當我明白大人所說的話和現實背道而馳，

真的非常失望。

但又不能只是批判和氣餒。

我決定去嘗試我能力所及的所有事情。

要是碰壁就碰壁，失敗就失敗吧！

01

無論什麼事，都要嘗試過才知道

五彩繽紛又可口的水果，在這背後是農夫辛勤的汗水。艱苦的勞動，得以結成甜美的果實，而甜美的人生，不也是這樣獲得的嗎？

二十二歲時，我曾經想去中國自助旅行，如此一來，就必須存點錢。

我一面找「可以賺很多錢的工作」，一邊計畫著要每個月存到五萬七千元。扣除生活費和維修費等等日常固定支出，要存到五萬七千元的話，每個月至少要賺到七萬一千到八萬五千元左右才行。但不管怎麼找都找不到這種薪水的打工。當然，那些要用「花言巧語」做的銷售業務和傳銷、老鼠會除外。

光靠打工，實在很難讓我在短時間內存到很多錢，別說存錢，就連維持基本的生活開銷都有點吃緊。

二〇一二年，我在做農作物採收打工，當時最低時薪是一百三十元。就算把打工求職的網站翻遍，也找不到一個月能賺到五萬七千元的工作，而在其中有些毫無根據，說會給很多錢的地方，進去一看都是花柳界或多層次。獨立生活在外，若要負擔月租、水電費、健保費、交通費、飲食支出等生活費，至少要賺四萬二千到五萬七千元不等，就算整天拚死拚活地打工也很不容易。當然，更不必說儲蓄了。

我很明白這世界上沒有白吃的午餐。在當時我能賺錢的唯二方法，就是辛勤地工作，或是將時間分割得瑣碎來增加工作數量，我得一次兼得魚與熊掌才行。

我決定每天上、下午透過人力仲介所找體力活來做，也找可以在下班後，從傍晚開始做的工作，一次身兼二職。

當我來到人力仲介所，身穿沾滿塵土的衣服隨意坐在一處時，喝著自動販賣機的沖泡式咖啡的大叔們一看到我，一邊說著「年輕朋友來啦！」一邊熱烈地歡迎我。那時全部的人裡面，只有我的年紀是二十幾歲。

直到過了一段時間，就理解到這個熱烈歡迎並不代表只有好事在等著我。

在當時，對我這種青澀的年輕人的需求相當高，可以做為「小幫手」（指在技工旁邊協助的助手）並派到各種工地現場去。

我每天去不同的地方，做不同的工作，從國軍體育部隊的施工現場，到蘋果農場、五味子工廠、洋蔥田、玉米田、柿子農場，以及清理肥料工廠水槽、體育館屋頂工程、設置登山路結構等等，只要需要人力的地方我就去。我也常常去工廠，只要有正職員工受傷無法上班，或是訂單突然增加，急需人手來完成工作時，就會叫上我。

常出現在人力仲介所的大叔們，總希望能夠穩定地在同一個地方工作，但我並不這麼想。因為我的目的是去很多地方見識、體驗各種工作，以及遇見各式各樣的人。

我透過打工感受到在這世界上真的有很多種職業和工作，以各式各樣的人相互組成。

●一個月，抬頭、低頭三萬次

採收洋蔥的工作，可以說是累到手幾乎要斷掉。

想起平時在超市看到的洋蔥，實在很難想像洋蔥其實是和高大的葉片相連在一起，而且還開著花，讓頭一次看到這個景象的我覺得非常奇妙。在這裡，我親眼目睹一長串沾滿泥土的洋蔥，得經過多少人辛勤地工作，才能運送到超市，並陳列在貨架上的過程。

就算同樣是洋蔥田，隨著耕作方式或田地的規模不同，採收的系統也多少有些差異，雖然看似是一件非常單純的事情，但這一切其實都相當有系統地在執行，對於這件事著實讓我大開眼界。

首先，負責挖掘洋蔥的老奶奶會先蹲坐在田邊，將土裡的洋蔥挖出來放在地上，然後另外一位老奶奶將貼附在洋蔥旁的葉子依照洋蔥的大小用剪刀修剪整齊，緊接著會有位老奶奶將洋蔥依照大小放進洋蔥網袋裡。接下來最賣力的工作，就是不停歇地把這些裝滿洋蔥的網袋搬到耕耘機上，會由一位二十二歲的青年負責，也就是我。

很累，感覺我的腰都快斷了。從早上七點開始工作到晚上六點，一天的工資是二千五百元，還得扣除一成的介紹手續費，最後拿到的日薪為二千二百五十元，我覺得這薪水對應到如此費力的工作，實在是太少了。連搬運洋蔥網袋這麼單純的工作也這麼辛苦，不難想像負責栽種洋蔥的農夫，每天到得田地澆水噴藥，他們流的汗水和付出的辛勤是多麼的偉大。

蘋果也是一樣。我這輩子曾經以為蘋果只分為紅蘋果和青蘋果，做了採摘蘋果的打工後才知道更驚人的事實。蘋果依照收穫時機，可分為早生種、中生種和晚生種，而其中的品種更是比想像中還來得繁多。

在市場買菜的時候曾經看著蘋果，想想在這個人類都已經登上月球的時代，應該有自動摘蘋果的機器吧？但根本沒這回事，蘋果還是需要靠人力一顆一顆地摘。另外，摘取時如果讓蘋果掉落產生撞痕，商品價值和售價便會隨之下跌，因此專注這件事是採收時的一個重要關鍵。

摘柿子也是一樣。在摘柿子時，使用長得像捕蟲網的長竿，一一套住柿子並晃動幾次摘下之後，放進地上的藍色籃子裡。每摘一次柿子，就要反覆抬頭一次、低頭一次。如果一天摘五百顆柿子，一天就得反覆抬頭與低頭一千次，那每個月就是三萬次了。在摘柿子的過程中，也曾經遇過因為被柿子砸到臉而讓眼睛受傷的經歷，或突然有蛇冒出來等意想不到的變數或障礙。

摘柿子打工，也是那種在實際經歷前不會知道會多辛苦的工作。我無論做什麼工作，體驗到的幾乎都是實際執行和袖手旁觀時的感受是天差地遠的。

人們常說「如果沒工作可做就回鄉種田」這句話很明顯是錯誤的。種田並不是件能被小看的工作。

我所遇到的農夫們，都是從一大清早就開始勤奮地工作，遇到乾旱時抱怨著，澆水灌溉時高興著。把自己的農作物當作自己孩子一般，珍惜疼愛的人。

就連我這樣年輕力壯的人都感到辛苦，更何況是那些老奶奶、老爺爺還能每天耕種，實在讓我感到不可思議。

平時吃水果時沒有想太多，但在做農作物收成打工之後開始變得不一樣了。每當我在吃水果時，便會抱持著感恩的心。因為我真心地感受到，水果被漂漂亮亮地包裝好，陳列在超市貨架上之前，得經過多少人的血汗努力和辛勞。

因為打工，我學到了……
「袖手旁觀」和「親身體驗」是天差地遠的。

我真心感受到，
水果被漂漂亮亮地包裝好，
陳列在超市貨架上之前，
得經過多少人的血汗努力和辛勞。
在這世界上沒有什麼微不足道的工作，
凡是看起來無用的工作或
看起來沒有意義的工作，
一定都有它的價值在。

02

人其實都一樣，而且，都一樣孤獨

無論是誰，在心底某處都存在著孤單。
不管錢多錢少，靠什麼為生，人都是孤單的。

踏出人力仲介公司的大門，除了沒有工作或下雨的日子，每個月可以工作賺錢的時間大概是十八到二十二天左右。而一天的工資是二千五百元，扣掉介紹費一〇％，實際賺的錢為二千二百五十元。

一天工作九個小時，一個月平均大約可以賺到四萬二千到五萬一千元，對於未來要面臨龐大支出的我來說，這點錢是不夠的。所以我必須要找到在一整天體力勞動結束後，晚上還能做的打工。在求才報紙上尋覓工作時，看到在徵求服務生的廣告，工作時間是晚上八點到凌晨兩點，正好適合我在結束體力活後還可以上班的時間，而且不是要搬重物之類的消耗體力的工作，真是再適合不過了。

和老闆通話後，前去面試時，在店門口恰巧撞見一位在當兵前常常一起玩耍的學長。

「好久不見。最近過得好嗎？」

「都在做體力活。正在找白天打工結束後還能做的打工，發現這邊在徵服務生，就來面試了。」

學長看了看店招牌，說我會很辛苦。

「在這種地方，老闆說了算……想在酒店上班，得要好好挑老闆才行。當服務生會遭遇什麼事，誰也說不準。這種雇用女孩子的酒店老闆，幾乎都是一些大老粗來著。」

學長說他要介紹其他店給我，並直接帶我去那間店。我在這時領悟到：若和人維持良好關係，日後說不定會獲得他的即時幫助。

●辛苦賺來的錢和輕鬆賺來的錢

到卡拉OK上班，首先打開招牌的燈，然後打掃店裡。入夜之後，客人便三三兩兩到來。某天我一如往常地打掃，而老闆就在走廊辦公室❶打電話叫小姐來。

在走廊，有兩個小姐走了進來。我突然覺得其中有一位小姐很面熟，看了她好幾眼。而她似乎是覺得尷尬，把頭別了過去。

在去那間有叫小姐的包廂服務時，我認出她是誰了。天啊！那個女生是我以前的同學。她的家境不錯，在學校的成績表現也很優秀，又進了有名的大學，萬萬沒想到會在這種地方和她對上眼。而她好像也認出我是誰，看起來正在努力掩蓋受驚嚇的神情。客人走了之後，我和她有了短暫對話的機會。

「學校放假，臨時跟朋友一起來打個工。」

她說謊。因為我問了和她一起來的女性，她說那位同學是「從以前開始就一起共事的孩子」，從此之後，我便開始好奇，在這裡工作的女性都是怎樣的人。只要一有機會，就會去和女性服務生聊天。

在這之前我都認為，在酒店上班的女性應該都是在家境不好的地方長大，受債務所苦，不得不選擇這種職業。但在店裡實際遇到的這些女性，比起所謂以此為主要工作的典

---

❶在娛樂場所介紹女性服務生或牽線性交易的地方，又叫「走廊房」。

型「酒店女」，反而多是在日常生活中常見的主婦、大學生、上班族，甚至有專業人員。

對於從事這種工作的人，是在自己身邊常見、擁有平凡背景的尋常百姓，對我來說是一大衝擊。而更令我驚訝的是，她們並不認為自己是「酒店女」。她們根深蒂固地認為，自己有正職工作，只是在想買名牌包、想去做整形手術、需要付房租等需要錢的時候才來做這個臨時打工，和那些以此為正職的人並不全然相同。看著她們的樣子，我想了許多有關錢的事情。這樣賺來的錢是有價值的錢嗎？從客人手中收到的二千二百五十元小費和摘柿子、摘蘋果等勞動辛苦賺來的二千二百五十元，在面額上並沒有任何差別。錢就是錢，不是應該一視同仁地珍惜使用嗎？當然，若要爭論什麼錢賺起來容易，那就沒完沒了了。

但又或許因為如此，我常常見到一起工作的服務生之中，就有人把拿到的小費當作是在路邊撿到的錢對待，隨便亂花，那些小姐們也是，特別是那些沒有經濟困難卻來店裡上班的人，大部分都有著「想要更自由花錢」的欲望。

大人常說「輕鬆賺來的錢就容易花掉，辛苦賺來的錢就很難出去。」親身體驗後才覺得這話說得沒錯。平常在別人眼裡看起來是平凡的家長，眼裡只有女兒的「寵女兒傻爸爸」，在這裡喝著女服務生倒的酒，愉快地享受著女色。雖然他們的職業和年齡都大不相同，來卡拉OK消費的男性有一個共通點，那就是覺得自己的妻女是「重要、崇高的女人」，相反地，覺得花錢叫來的女性是不管如何對待都行，是「不值得一提的女人」。

同是女人，卻受到截然不同的待遇。教師、教授、警察，都是這裡的常客。在這裡，不必看家人、上司、旁人的臉色，沒有任何利害關係，可以盡情享樂，如實反應出在社會中難得一見的人性與隱藏的內在。看著他們的時候，時常會在心中問道「那我們的老師呢？」「那我們的教授呢？」也時常覺得，其實人不管是誰都一樣吧。

我也絲毫不例外。因為我就是想賺很多錢才來卡拉ＯＫ當服務生的。在做其他工作的時候時常感到有意義，但這個打工卻不是如此，不是個會讓我想奉獻人生的工作。不知何時開始，收到小費也沒那麼開心了。我趕緊在習慣這世界的紙醉金迷之前，把這工作給辭掉。

因為打工，我學到了……

為了錢，做什麼都可以嗎？

有了錢，做什麼都可以嗎？

03

比特幣，不會問你的老爸是誰

沒有實體的虛擬貨幣，比特幣，年輕人汲汲營營搶著要投資它。比特幣在激烈的競爭中脫穎而出，成為追求富裕者最後的希望。但若自己的內心沒有希望的話，比特幣也不會給你希望。

有好一陣子，大家都在謠傳說有人靠比特幣賺了很多錢，要試著投資看看。我有一位認識的朋友，他辭去教職，把所有的財產都拿去做股市投資和比特幣投資。還有另一位朋友，他從二〇一七年起開始投資比特幣，現在正在把他經營的醫院收掉，想要專心地做投資。就我的立場而言，老實說，我沒辦法理解這兩位朋友投資比特幣的行為。他們在社會、經濟上已經擁有很好的地位，為什麼一定要冒險去賭博呢？

SBS電視臺的節目《我想了解它》採訪了一位以一百四十二萬元投資比特幣，最後賺了二億八千五百萬元的上班族，令我印象深刻。

「如果現在我把一百四十二萬元放在銀行，每天可以賺到約七十六元的利息。就算有一百四十二萬元，我還是『土湯匙』，就算有利息，我也還是『土湯匙』。在這個年頭，每天認真工作辛苦存到的一百四十二萬元，每天的利息卻只有少少的七十六元，**在這連一間房子都買不起的時代，我們不能只怪年輕人只想找好工作、不想付出血汗勞動賺錢。**」

像是醫生或教師這類擁有相對穩定條件的人，都會把自己擁有的財產全部投入，希望能夠一夜致富了，想當然，那些身處不安定環境的人，更是趨之若鶩了。

●比加密貨幣更恐怖的「灰暗的心靈」

在電影《朋友》中的著名臺詞「你老爸是幹什麼吃的？」曾經引起廣泛的討論。而在比特幣討論區中，曾出現這些貼文回覆：

「在虛擬貨幣的交易平臺上，沒人會在乎你的爸爸是從事什麼職業。」

「虛擬貨幣是達成『貧富洗牌』的最後機會。」

比特幣的投資客受到不少批評，他們被批評是一群不認真工作，只追求即時暴利的人。老實說，我也並非心存善念，但正因為總有心存僥倖的人存在吧，若站在不了解比特幣的立場來看，那投資比特幣真的看起來像是在賭博一樣可怕。

但我認為，一定有人對現實絕望，而陷入比特幣，對財富的盲目追求只會日漸嚴重。在今天這個世界，就算打敗眾多競爭對手，艱辛地獲得工作機會，也無法光靠存下來的月薪買到房子，曾經讓人深信不疑的公共機關鐵飯碗，也籠罩著開後門雇用人的重重疑雲，「認真打拚，讓夢想萌芽」這句話的前後文，似乎牛頭不對馬嘴。

這個世界至少要讓人相信，努力付出可以獲得相應的報酬，就會讓那些把比特幣當作唯一希望的人回心轉意了吧。如果我心中沒有希望，那不管是比特幣還是什麼，都無法成為夢想。希望我們那已經被澆熄熱情的心靈，能夠死灰復燃。

因為打工，我學到了……

如果自己心中沒有希望，那不管是比特幣還是什麼，也不會給你任何希望。

04

肉眼看不到的東西

我們每天反覆做著一樣的事情，很容易就會產生厭煩和惰性。
但若我們只覺得麻煩，想著自己方便的話，會怎麼樣呢？
也許就無法阻止事故發生了，
所謂「千里之堤，潰於蟻穴」，正是這個道理吧！

我有次到首爾的某個公寓社區，做隔熱施工的打工。為了進行隔熱和隔音作業，我必須要在窗框和牆壁之間先進行發泡樹脂的工作。

首先要將窗戶和四周圍的牆壁用保護紙包覆住，之後噴射灌入發泡樹脂。等到發泡樹脂完全變硬，再將貼在窗戶和牆壁上的保護紙撕掉。接著因為要在發泡樹脂上貼石膏板，所以必須用長刀來把多餘的發泡樹脂刮除，讓每個地方的高度保持一致（這項作業便是俗稱的「刮貼」）。刮貼作業結束之後，在窗戶和發泡樹脂之間產生的空隙，必須再用刀刨開，重新灌入發泡樹脂。

如果發泡樹脂的厚度無法達到標準、保護膠膜沒有完全撕除或是在縫隙中沒有灌滿發泡樹脂，就會讓隔熱處理不確實，沒有辦法完全接觸到隔熱材，冷空氣就會從縫隙中滲入，會讓發泡樹脂會產生龜裂現象，嚴重的話則會結霜。

教我灌發泡樹脂的師傅也叮囑我別趕時間，要慢慢地、仔細地將縫隙灌滿。我們把第一棟到第十二棟稱作一個工區。兩個工區同時會有四個人作業，也就是每個人要負責六棟公寓的維修作業。

工作結束時，必須向班長報告自己作業到哪一棟的哪一樓層。但是每次我的作業速度都比別人慢，不論是第二個月還是第三個月，都是如此，而我以前從來都沒有過這樣大幅落後別人的經驗，就算我以最快的速度，不停歇地工作，進度仍是落後於大家，其他人甚至還有空閒去抽菸，我無法接受自己比較慢的這件事情。

隔天我看了其他人怎麼進行作業之後，才恍然大悟。正常的作業流程是要將窗戶縫隙之間的保護膠膜全部撕除，再往空隙裡灌滿發泡樹脂才行，但是人們都不用刀去刮除保護膠膜，而只是覺得「外表看起來沒差就好」似地直接灌入發泡樹脂。在窗戶縫隙之間所貼的保護膠膜比想像中的難以刨除，也因為刨除會花很多時間，他們就不去刮了。

因為從外觀上看起來都一樣，所以無法直接從外表進行確認。有沒有進行刨除作業和撕除膠膜的作業，必須拆除石膏板才能得知。

●心中的責任感有幾兩重？

我親眼目睹了不少像這種以「反正肉眼看不到」為由而省略，或草草結束作業的狀況。

在建造大企業生產工廠的現場，裝設風管（讓空氣或其他流體流通的構造）時也發生過這種事。雖然說要將兩個管子的末端推到底拴緊，讓它滴水不漏，接著再將兩端PVC管子焊接起來，但有時候也會出現沒有拴緊就直接焊接了事的情形。這種狀況，在外觀上也是難以分辨是否有接好，除非用X光或超音波直接確認，否則單靠肉眼是難以區別的。

工作的成果和完成度，依據人的誠心誠意程度而有所不同。比起業者的知名度、價格、裝備，都還來得重要。

就像去理容院剪頭髮，並不是說理容院的招牌又大又華麗就會剪得好，而是依理髮師有多誠心誠意地剪頭髮而定。

雖然說有很多業者是真心誠意地在做事情，但也有些業者就是隨便做做。至於有沒有隨便做，從委託人的角度來看，又時常分辨不出來。真是當局者迷，旁觀者清。因此在委託事情時千萬不要以為「他們會自己看著辦」而袖手旁觀，只是出錢了事而毫不關心，至少也要有位負責人出來觀察狀況，表示關心。不光只是隔熱施工，所有事情都該如此。

此外，勞動者也必須擁有對自己從事的工作有自信心及責任感。這並非從事專業職務或高所得層的專利，不是只有醫師和律師才是有價值的工作，在世界上的所有行業都是有用的，正是因為有需求才會產生對某些人有幫助的工作。做工作的人都必須要有這樣的想法，並擁有自信心才行。若對工作擁有過人的自信心及責任感，就不會有在看不到的地方就偷懶的人存在了。

我們每天反覆做著一樣的事情，很容易產生厭煩和惰性，但若我們覺得麻煩，只想著自己方便的話，會怎麼樣呢？也許就無法阻止事故發生了，所謂「千里之堤，潰於蟻穴」，之所以會發生危害無數人命的大型事故，原因通常都是比想像中還要來得細小的問題。要是誰怠慢職責，很有可能致人於死地。

站在勞動的立場來看，我們不能忘記：如果這件事是自己的事、是家人的事，又會如何？

我在經歷許多工作後所感受到的是，人們在做事時經常會單純地追求自己的便利性。既然大家都一樣，那就更想要更加輕鬆地工作，站著就想坐下，坐下就想躺下，這正是人心。

但如果我考慮到我所做的事情，其結果會影響到我的家人，就不會隨便了事了。每當想偷懶的時候，能有這種想法就好。如果每件事都換個立場想，就會比較容易理解。

俗話說當局者迷，旁觀者清。但在看不到的地方難道就可以不遵守基本原則嗎？勞動者除了自己的權利以外，也要好好關心自己的責任與義務。這才是所謂專業。

因為打工，我學到了……

工作的成果和完成度，

依據人的誠心誠意程度而有所不同。

05

激情、熱情、成就感

獲得第一次的激情感、
熱情感以及首次成功的成就感，
便會對人生產生影響。
若能夠莫忘初心，便能無事不成。

做了許多種打工，我對待人的心態逐漸好轉。但是要走的路還很長。內向的個性讓我在這世界上生活，實在有太多不方便的地方。當初硬著頭皮擠出來的笑容，現在回想起來卻是最恰當的表情。現在如果發現有人能夠毫不拘謹地和人搭話和行動，我的目光便會不自覺地看過去，想和那個人對話。

到了冬天，夾克舊了得買新的。雖然很不想去，但還是不得不戴上帽子，把帽簷壓低，前往大型購物中心。因為怕被店員搭話，一面急急忙忙地躲避店員，一面小心翼翼地看著展示模特兒身上穿的衣服。這時有位西裝筆挺的男性映入眼簾。無論是誰都能夠一眼認出，他不是普通的客人。

他在賣場裡四處走動，走近店員並搭話。他的行為舉止實在太輕鬆自然，一開始還以為是店員認識的人。但事實並非如此。

我也不知不覺地開始仔細觀察這位男性的行動。他無論對方是男是女，都笑著問好並上前攀談，接著從公事包裡拿出某張紙展示著並認真地說明。有些人連聽都不聽就直接忽視，也有些人像多年不見的好友般談笑許久。我羨慕著這位男性，做著我連想都不敢想的事情，我想變得像他一樣。於是我到店外面等他出來。

「那個，不好意思，從剛才我就很好奇。雖然這樣問有些失禮，但請問您是在做什麼樣的工作呢？」

「我在做信用卡業務的。您用信用卡嗎？」

「啊？喔，有……」

在那一瞬間我的靈光一現，就是這個！跟他簡單對話後拿了名片，立刻跑去附近的網咖坐下。我搜尋了有關信用卡業務的關鍵字，映入眼簾的是「挑戰年薪二百八十五萬元！」「讓您月入二十八萬元的機會」「超高速成為專業職員」這類荒唐的句子。我打了一通電話，隔天馬上去面試。

我並不是因為這些荒唐的句子才決心要做信用卡業務。而是因為「業務」是個可以讓我克服內向個性的手段。雖然說現在也想做當場能領到錢的工作，但是**在這個冷酷的資本主義社會中，若要讓我這個不起眼的人能夠活下去，就要學會業務的「生存技術」才行。**

●只要撐一分鐘就行

首先要準備一套西裝。不能穿平常在穿的休閒服裝，因此至少要準備三套西裝左右。在網路購物商城逛了逛，並在比較便宜的網拍上買了黑色、藍色、褐色三套西裝。只要有空就翻看信用卡優惠內容，也練習打領帶的方法。我這才知道，原來打領帶有各種不同的方式。看著鏡子裡穿西裝打領帶、提著公事包的自己，實在令人感到陌生，無論由誰來看都像是個不折不扣的上班族。朋友們第一天上班，也是這種心情吧？

雖然和業務所的其他業務員穿的知名昂貴品牌西裝比起來，穿在我身上的西裝明顯是便宜貨，但卻感受到自己似乎成為有模有樣的公司成員一般。

我所屬的小組組長向我說明到我被賦予員工代碼、可以正式開始工作為止還需要花個幾天時間。在那之前，就請我先跟著一位資深前輩，學習並觀察他是怎麼推銷的。第一天上班，我便跟著前輩到了建國大學附近的美食街。前輩看到我緊張的樣子，說大家一開始都很生疏，很難適應。

「我先進去，你就安靜地跟在後面進來。在後面好好看著我怎麼做。」

他毫不遲疑地推開美食街上的一家理容院的門走了進去。員工們和客人們都對著我們行注目禮。在那一瞬間我感到全身僵硬，高中一年級時在烤肉店打工所經歷過的恐懼感歷歷在目。但是前輩若無其事地開口說道。

「各位好。我是〇〇信用卡公司的人。」

沒有人回答半句話。我恨不得想趕快脫離這個狀況。

「啊——今天真冷。事實上我只是因為冷才走進來。因為我的頭髮才剛剪沒多久而已。」

前輩說的話讓在場的人都笑了。不知道他做了多少練習和努力，才能有今天這理直氣壯的樣子呢？

他就像廚師在鍋子裡炒菜一樣，熟稔地將話題延續下去。

「客人，請問您用信用卡嗎？」

「沒有，不用。我用的是簽帳金融卡。」

「啊！所以，我來了嘛！」

前輩爽快的回答，讓現場的人又開始笑了起來。在理容院的客人之中，有一位客人展現出他的興趣。

「信用卡不都一樣嗎？你家是什麼卡？」

前輩走近那位客人，站著彎腰配合他的視線高度，繼續對話。接著自然而然地拿出信用卡加入申請書，客人就簽下去了——契約完成。收到契約書的前輩臉上散發著光芒，對我來說就好像異世界的人一樣。

在前輩和客人對話的期間，我的手機震動了。我轉身偷偷拿出手機確認，再默默放回口袋。僅此而已。

「你看了手機對不對？」

我心裡一驚：他怎麼知道？我明明是在前輩看別的地方的時候，短暫確認一下而已。

「業務員在開始推銷的那一瞬間開始，所有的精力就必須集中在客人身上才行。」

我一面被教訓著，一面覺得他就像背後也有長眼睛的人一樣。

接著前輩要我自己推銷看看。像我這種怕生的人也做得到嗎？猛然地心生懼怕了起來。

「一開始練習打招呼就好，什麼都不做也可以。在心中默數一分鐘，超過一分鐘了就出來吧。」

我照著他的吩咐做了。

於是我進到了一間餐廳，說「各位好，我是從〇〇信用卡公司來的人。」之後，撐了一分鐘。我感受到人們的視線，我感覺到雙腳正在發抖，身體直冒冷汗，但還是忍著撐過去。就這樣去了幾個地方，直到進去一間便利商店時，發生了一件事。當時我在便利商店裡撐過了一分鐘，正想要離開的時候，突然被店員叫住。

「欸那個，大叔。」

「是？」

「你不是說你是從信用卡公司來的人嗎？怎麼就只打了聲招呼就要走了呢？」

於是我和這位客戶開始談話。他兩年前曾經想辦信用卡，申請後卻因為信用額度不良而被拒絕。於是我試著查詢他的信用卡發卡紀錄，發現他的信用額度變好了，現在在信用卡發卡程序上完全沒有問題。我一推薦他信用卡，他便爽快地簽約了。沒想到我能這樣拿到生平第一張信用卡契約。

我一走出來，前輩拍拍我的肩膀，說：「你這小子——幹得好！」真的很高興。我像是要衝到馬路上一樣，對著天空大叫。

「哇！成功了！中大獎了！拿到契約了！」

我身體顫抖著，像瘋子一樣用盡渾身的力量叫出來。前輩走進藥局買了牛黃清心丸，塞到我手裡。

「必須喜怒不形於色，這才是業務員啊，你冷靜點。」

在這之後，前輩一一指正我的語氣、表情和行動。到眼鏡行為我挑了一副適合我的眼鏡，也指正我的方言口音和聲調，並教我首爾的正確發音。

現在我只要走到建國大學前，就會想起這段時光。在建國大學周邊生平第一次做推銷業務，也拿到生平第一份的契約。每當生活上遇到困難，感到厭倦的時候，就會到這裡散散步，努力想起當時的激情、熱情以及拿到首張契約那巨大的成就感。若能夠莫忘初心，便能無事不成。

因為打工，我學到了……

雖然大家都說業務是做得多認真，就能拿多少，

但正確地說，是做得多好，才能拿多少。

06

左腳褐色皮鞋，右腳黑色皮鞋

想做好什麼事情，要從改變自己開始。
要脫離膽小懼怕，褪去原有的外表，
誕生出全新的自我。

在做推銷信用卡業務員時，真的遇見許多人。作為業務員四處奔走，把拜訪這件事情稱做「突訪」。從事突訪後，才發覺原來業務員有這麼多。化妝品、濾水器、香菸、出版社、醫療機器、健康食品、信用卡終端機、保險、製藥、酒類、自動販賣機、食材等比比皆是，好像沒有業務員，這個世界就不會運轉一樣。

信用卡推銷業務員之中，我的年紀最小。雖然常常被叫做老么，但做為老么反而有更多優點。在軍隊裡或是公司裡，老么總是要被賦予最辛苦的事情，也總是要看學長姐的眼色，但在業務員聚集的地方，卻不必擔心這種事。因為每個人都是「個人事業者」，彼此互相尊重，就算我年紀小很多，除了手把手教我的前輩，每個人都對我說敬語。資深的業務員們，把我這個老么照顧得無微不至，只要有時間就會向我傳授他們的獨家推銷祕訣。

在這之中，前輩們的共同意見是：**一定要有「與眾不同的個性」，才能存活下來。**真令人困惑。在學校老師教的是「不要和別人不一樣」「樹大招風風撼樹」，生長過程中也是時時感受著別人的臉色和壓力。而出了社會，所有人都異口同聲地說「要有與眾不同的個性，才能存活下來。」沒有比這更讓我困惑的了，在學校聽到的事情和實際在社會中所經歷到的，總是互相衝突。

●越是害怕，越要向前衝

事實上，比起業務員前輩們的推銷祕訣，我更想獲得的是能夠改變內向個性的方法。我仍然像過去一樣，到了陌生的地方撞見陌生的人，就會開始呼吸困難，汗如雨下。但是要改變自己內向的個性，就必須反覆將自己投入害怕或想避免的狀況之中，把自己的尖角磨鈍。

我參考了前輩所說的要有與眾不同的個性這點，決定試著做做看與眾不同的事情。我買了件花花綠綠的登山服並穿去上班。一進到辦公室，所長就像發現敵軍一樣，把瞄準鏡對準了我。

「海樹，你是第一個穿登山服上班的人。」

還好我沒因此被懲處。於是我便穿著這一身登山服出去跑業務。我到弘大、梨泰院、江南、明洞、鍾路這些商店雲集的繁華街道，在這些地方，每天也有數十位業務員正活躍著。

「你是上次穿登山服來的大叔對吧？」

衣服一換，立刻就出現認得我的人。雖然業務業績沒有因此大幅上升，也幸好沒有因此下降。我反覆著這個做法，想要避開人群的心情逐漸減少。意欲也變得更強。

穿西裝時，我故意在左腳穿了褐色皮鞋，在右腳穿了黑色皮鞋。意外的是，人們並不關注我這奇異搭配的鞋子。

偶爾有人的視線會盯著我看，這時我會在心裡喊著：**「請多看幾眼。這樣我才能改變自己。」**

我希望內向的人以及有舞臺恐懼症、發表時感到不安的人都要知道：其實每個人都只想著自己，對你其實沒有太大的興趣。因此並不需要太過於在意別人的想法。別人對我的冷酷眼神，並不能成為自己的障礙。

我也曾經去過市政府、光化門、加山、板橋等公司群聚的地方。這是一件去拜訪一個無人不知、無人不曉的某大企業時所發生的事情。

雖然在那棟大樓裡我不認識半個人，但我下定決心要闖進去看看。我拜託在那間企業的子公司上班的前輩，給我一個有著子公司商標的別針，好讓我別在胸前，同時我也準備了萬一遇到保全時的一番說詞：「我和行銷部門的黃海淵課長有會議要開。」

黃海淵是我親哥哥的名字，和這間公司毫無關聯。但是像這樣大規模的公司，保全不太可能知道所有課長的名字。我和一起做推銷的學長一起來到大樓前，門口的保全比想像中還要多人。

親眼見到眼前那森嚴的戒備，焦急的心情讓我心跳加速。雖然感到不安，但我還是端正自己的視線，敞開雙肩，走了進去。

在大廳裡也有保全守著。這裡的保全系統相當完善，沒有職員證是完全無法進入的。才在心中覺得白來一趟，正感到灰心的時候，我看到在大廳旁有一處聚集著職員。

到那邊一看，發現在穿梭的人群間，有人正在做業務，也有人簽了契約。

後來我們在這棟大樓裡晃了兩個月，才被保全趕走。理由好像是我說我想去見見老闆，拜託周圍的人讓我進去。問這句話沒多久，保全人員就來趕我們出去。一起同行的學長向我吐著舌頭說：「本來還半信半疑，原來你真的是個怪咖！」

想做好什麼事情，要從改變自己開始。

因為打工，我學到了……

在推銷信用卡時，隨意送客戶謝禮是違法的。

如果沒有好好操作技巧而被抓到，信用卡公司也不會保護你。

07

在激烈競爭中存活下來的方法

在激烈競爭中獲得勝利的人，
都有著各自的戰略。
和別人一樣是沒辦法的，
與眾不同的獨特戰略，才能取得成功。

推銷業務的競爭真的很激烈。我感覺只差沒有拿著槍罷了，這是個沒有槍聲的戰場。業務員們每天和其他人比較業績，依照數值排順序評價，如果業績持續維持在低潮，便會被無情地拋棄。

前輩曾經對我說：「會輕易用人也輕易拋棄人的地方，就是業務這片汪洋大海。」他也常常對我說些難聽的話。想起小時候上學的時候，老師手中拿著藤條，說：「我不是討厭你們才打你們，而是因為愛才打你們的。」但我無法感同身受，我覺得前輩才是這樣的人。我有感覺到他是真心在為我著想。

前輩在我做得好的時候也訓斥我，在我做得不好的時候更是嚴厲地教訓。有一次我實在太傷心，躲進地鐵站的廁所裡偷哭。現在想起來還會懷疑，那個時候是怎麼撐過這些折磨，對自己的經歷嘖嘖稱奇，原來我是個這麼腳踏實地的人。

名片沒用兩隻手伸出去拿也被罵、手機沒有切換成震動模式也被罵、沒有彎腰向客戶問好也被罵、出來沒有關好門也被罵；沒拿到契約是我的錯，但拿到契約也能針對其他事情說我的不是。

有其他前輩看到我時常被罵，上前替我說情：「你去哪裡找像海樹這麼認真的新人？怎麼這樣每天罵他？」

那時前輩的回答令我印象深刻。

「稱讚的話輪不到我來講。打在業務員薪資帳戶上的金額，才是給他的稱讚。」

接著轉頭向我說：「你在這裡再怎麼認真，業績不好就當作你根本都在玩。但你如果玩得很瘋，業績好的話就算是你有在認真工作。在這裡認真做事沒有任何意義。要好好做，我們是只看結果的人。這就是業務員。」

●創造我自己的策略

我雖然接受了前輩的諄諄教誨，但有時候被罵到心情會非常不好，甚至有次真的沒心情工作，直接回家。每當前輩罵得很凶的時候，不知道是不是他自己感到不好意思，才會對我說出這樣的話：「公司為什麼要花錢叫我們來做事？所謂業務就是沒有用處便會被立刻拋棄的人呀！你在工作的時候要學會釣魚的方法才行，就算只學會一種說服人的方法，你到哪裡都不至於餓死。」

就像前輩所說的，在這個沒有用處就會被拋棄的業務之海裡，要生存下來的確比登天還難。那時主要是以商家為主，並以店家老闆和店員作為推銷的對象，全國各地所及之處都找得到業務員的蹤影。

就算休假時到了度假勝地，我也規定自己休息的日子要和做業務的日子並行著。有一次到了人跡罕見的海邊，在這個沒有百貨公司和電影院，連常見的麥當勞也不見蹤影的漁村，也能看到業務員來這裡推銷。每天出海一次的船長也說他常常遇到推銷信用卡的人。佛誕日時，大媽們在偏遠山谷裡的佛寺內鋪著墊子，坐在地上推銷著信用卡的模樣，對我來說不再稀奇。

為了在激烈的競爭中取勝，業務員們有各自的策略。但令人無可奈何的是，不管是信用卡、保險、汽車，還是哪一種商品，不管被誰買到，都還只是一樣的東西。**站在消費者的立場，沒有一定要向哪位業務員購買商品的理由。**因此業務員們甚至自掏腰包，送給客戶禮物或是提供代繳現金等服務。有些客戶知道業務員的這種處境，便充分利用這一點，來獲得自己的利益。

「我有朋友辦了信用卡，拿到了濟州島來回機票，你不給我些什麼嗎？」「其他人辦信用卡的時候有拿到二千八百元現金回饋，你不給我錢嗎？」

每天至少要聽十幾次「你不給我些什麼嗎？」這句話。像是買車的時候，如果某個店家只給車，另一個店家則是送行車紀錄器或者是導航系統，站在消費者的立場來看，當然喜歡給更多東西的店家。必須支付金錢或其他代價才能做業務及拿到契約的現實，實在令人鼻酸，某些人的激烈競爭，成為某些人取得利益的機會，在對等的立場上，要怎麼拿到契約呢？

人心險惡，當然我也不意外。如果站在客戶的立場，我也會想和給更多東西的人簽約。在這樣的市場經濟系統裡，做為消費者似乎更有利。

做業務很久的人，一定有自己的經營哲學，無論遇到什麼樣的狀況，都堅守著原則努

力著。

舉例來說，A每天一定要拿到一份契約。如果成功拿到一份契約，就立刻下班，如果沒拿到契約，就做到拿到為止；B只去學校和郵局推銷，其他地方絕對不去；C只要遇到客戶生日，就會拿著蛋糕去客戶的公司直接送上禮物。或許是因為有這樣的經營哲學，他們才能長久堅持下來。

沒有必要大聲張揚自己做得多好，要用成果來說話。

因為打工，我學到了……

推銷業務的成果，是用打在銀行帳戶上的錢來說話的。

08

對我來說，現在最需要的東西是？

無論要達成什麼事情，便需要尋求該領域的專業人士來協助。若按兵不動，便無法遇見專家，更無法學習該領域的知識。想要學，就得要直接上門請教才行。

在推銷信用卡的老太太們之中，有些人送客戶仿冒皮包、皮夾當作契約謝禮。這種謝禮在客戶之間反應非常好。時常可以看到許多人辦卡的實際目的不是信用卡，而是為了拿皮包，我就在想，說不定可以直接拿這些東西來賣。

我費盡心思從老太太那邊拿到賣仿冒皮包的人的電話，並試著連絡。我想和對方約出來見面，但卻馬上被拒絕，沒能見上一面。

歷經一番艱難且曲折的過程後，我成功批到一批仿冒皮包，便開始生平第一次在路邊擺攤叫賣。

我一面做推銷信用卡業務，一面抽空賣仿冒皮包。在販賣仿冒皮包時我感受到，人們在消費的時候並不理性。當下若認為自己是在進行合理的消費，但實際上卻都是天大的誤判，因為比起實際需求，順從情感而買的狀況反而更多，大多是先買了，再自我合理化。

「反正本來就想買尺寸小一點的錢包，今天真是買到好東西。」

「因為要去旅行，這一點東西本來就有必要買。」

大部分都是這種情況。當然，不只這些。

「幫我訂李多海的皮包。」

「幫我找潔西卡的機車包。」

「我想要高素榮的包包。」

如果依照客戶的需求弄來最近流行的冒牌名牌包，很多人之後會跑來要求說：「以後不要在這裡賣這種包包！」因為不想和別人拿一樣的皮包。這種人還滿多的。

人們通常會看著比自己富裕的人，想著要有更好的職業、更好的戀人、更貴的皮包、更好的車、更大的住家等等。可是每當有人開始羨慕，模仿的越來越多，這個東西就不再特別，變得再平凡不過。但我們仍然持續被這樣的東西制約，難道沒關係嗎？難道沒有讓自己變得更有價值的方法嗎？

●尋找「為了自己」的人們

販賣仿冒皮包沒辦法做太多次，因為會被警察臨檢，所以沒辦法在同一個地方待太久。

因為我也辭掉做了一年左右的信用卡推銷業務員工作，必須開始找新的工作。

在一次意外的機會下，我看了〈現在對青春來說最需要的東西是什麼？〉這部演講影片。影片中的演講者是一位中年男性，留著長頭髮、蓄著蓬鬆的大鬍子，以及一副看起來不是很清爽的外表。我後來才知道，他是網路新聞《挑剔日報》的創刊人金於俊。

三十分鐘長的影片，實在太令人印象深刻，我甚至花錢換了更貴的手機網路費率，看了它數十次。演講的內容可以歸納出以下三點：

一、**成為自己欲望的主人，找出「可以讓我變得幸福」的是什麼東西。**

二、**如果有想做的事情，必須「現在當場」去做。**

三、**做某件事最簡單的方法，就是「去做」**。

影片看著看著，不由自主地對這位中年男子尊重起來。他那不清爽的臉龐上逐漸發出光芒。腦中逐漸被他所說的話給占滿。

至今為止，我為了賺錢一直做為「勞方」，為了老闆、為了公司認真工作。除了為了改變自己的個性，我從來沒有為自己做過什麼事情。我不想再這樣渾渾噩噩地生活下去了。

首先我來到了圖書館。開始閱讀一本韓國大企業老闆的自傳，同時也讀名師們推薦的書籍。

但是沒有一本書為「現在要做什麼？」提出解答，雖然迫切希望有誰能夠教我這件事，但答案還是得自己去找。

我想成為「主體」來工作。

至今為止，我總是依照別人的指示工作，如今我想成為自己的主人工作。在書中那些賺大錢的人的共通點，就是「做生意」的人。在販賣仿冒皮包的過程中，我感受到做生意的魅力，於是也想要全心全意地投入看看。

因為我沒有資本，也沒有經驗，能夠立刻開始做的就只有擺地攤。

首先我去區公所取得營利事業登記證（如果想要拿到批發價，必須要有營利事業登記證才行），接著開始到東大門、南大門、弘大、明洞等地方尋找做生意的人。找到人之後，如果他賣的是食物，那就買他賣的食物來試吃，如果他賣的是物品，就買他的物品，一邊拜託對方傳授自己做生意的方法，不過全都被拒絕了。

就他們的立場而言，沒頭沒腦找上門說想要學做生意的年輕人，根本就是不速之客。

一路到處碰壁，最後在地鐵新林站附近遇見一位擺攤的老闆（為了方便起見，就叫他權老闆）。

權老闆擺了超過十年的路邊攤，非常獨當一面，做生意的手腕已經好到無論周遭有多少路邊攤，客人總是只聚集在他身邊。可是他也是一口回絕我想要學習他做生意的祕訣的請求。

但我知道如果就此放棄，就再也沒有辦法了。於是我每天去找他，無論他到餐廳還是停車場，我都緊跟在後。最後權老闆跟我要了電話號碼。

「我下次去批貨的時候會打電話給你，記得接我電話。」

「謝謝！謝謝！」

之後，權老闆把我帶去和他批貨的盤商見面，並把我介紹給盤商。那個地方有各式各樣的東西，像是廚房用品、玩具、化妝品、填充娃娃、生活用品等。多虧有權老闆，讓我可以拿到低廉的批發價，得以和之前那些批貨給我的小盤商平起平坐。

但是貨批到後，負擔也隨之而來。如果沒賣掉的話怎麼辦？產生庫存的話又該怎麼辦？

都還沒開始賣東西，我就開始擔心產生庫存了。

腦袋裡的計算機不停運轉，我持續煩惱的同時，權老闆向我走了過來。

「喂，你是來看房子的嗎？擔心這麼多做什麼？賣不掉的話給我就好，我來賣，這樣可以吧？」

我批的貨大概有一萬七千元。盤商的老闆說因為我才二十三歲，看起來很乖，給我八百五十元當作油錢。一受到鼓勵，心中便產生了「我一定要認真做」的意欲。

「不管是要重新開始做什麼事情，或是一定要達成什麼事情，就必須去請教該領域的專業人士。」

我心中這麼想著。在學校裡就算只是原地坐著，老師也會主動全盤說明給我們聽。

但出了社會就不一樣了。

若我在原地按兵不動，便無法遇見該領域的專家，更無法學習該領域的知識。想要學，就得要直接上門請教才行。

因為打工，我學到了……

在激烈的生存競爭中活下來的法則，

就是需要和別人不一樣，那專屬於我的生存策略。

無論何時都要當一位專業人士。
為什麼呢？因為門外就是戰場。
因為這關係到我的生命（飯錢），
沒有經驗的人是做不來的。
希望能有更多的機會，
讓像我這種沒經驗的人，
可以學習的生存方式。

09

沒有為弱者存在的世界

這個世界對弱者無情殘酷。
無論是在學校、職場、社會，
所有的地方都是弱肉強食的世界。
但是總會有某個地方，
有著能夠溫暖地接納我的角落。

用便宜的價格批到貨，當然想趕快去做一次生意，試著賣賣看，但是擔憂隨之而來。對我來說，有三個阻礙需要解決：

一、沒有適合販賣商品的地方。

二、在做生意的時候，沒有適合停車的地方。

三、沒有保管商品的倉庫。

首先我來到弘大、江南、東大門等流動人口多的地方，在距離地鐵站較近的位置擺攤鋪貨。神奇的是，附近的商家主人、大樓管理員或其他擺路邊攤的人都會箭步跑上前來，威脅要我離開。連續好幾天，反覆上演著擺攤鋪貨、被趕走的戲碼。

就算我好言好語，得以在某個地方擺攤做生意，但時不時就有自稱商人會、聯合會的人過來，勸誘我加入他們，同時也有外表凶惡的男人，露出身上的刺青威脅著。

「小心我把你埋到山上去。」

「想進醫院嗎？」

「想下半輩子殘廢嗎？」

他們要的是擺攤保護費。雖然我二十歲的時候曾經和幫派的兄弟們鬼混，身上已經有免疫力，但身體仍然不自覺地顫抖著。他們用各種方法為難我，像是報警檢舉直到我離開為止，或是公然站在那邊把客人趕走，甚至是辱罵、威脅等等，鬧到最後我還是撐不下去。

不但沒有可以販賣商品的場所，連可以保管物品的倉庫、停車的地方都沒有，簡直是四面楚歌。這世界對弱者來說，實在是無情殘酷。無論是在學校、職場、社會，所有的地方都是弱肉強食的世界。

●有人露出獠牙，也會有人展開雙臂

或許正因為如此，父親才會一直碎念著要我做公務員。現實實在太令人傷心，我委屈地掉下眼淚。我實在是太不懂世事了，但我不能就這樣茫然地失去自我。就算被趕走，我也要繼續擺攤鋪貨。

「是誰允許你在這裡做生意的？不要互相浪費時間臉紅脖子粗，快點走。」

「先生，這裡是國家的地，你到底憑什麼趕我走？」

「這裡是我們協會管理的地，不能讓你隨意擺攤！請你離開！」

我掩著耳朵，不吭一聲。於是他們開始趕客人。

「快住手！大叔你也不是這塊土地的主人，到底憑什麼趕我走？」

「哦，想揍人是不是？你知道動手打殘障人士的下場是什麼嗎？來啊，打看看呀！」

就像天要塌下來一樣，最後只能收收東西，離開這個位置。於是我去找之前曾幫助過我的權老闆那說明狀況，他只說以前他也常遇到這些狀況。而他也爽快地把自己的位置清出三分之一，割愛給我。

權老闆在這個位置做超過十年的生意，因此在新林洞擺攤許久的人都默認這個位置是權老闆的攤位，不管是誰都不能任意奪取。不僅是擺攤位置的問題，就連我傷腦筋許久的停車和倉庫問題，也都解決了。停車問題就靠附近的郊外停車場解決，而之前待在考試院時，認識的考試院總務則爽快地空出一間房間，讓我當倉庫使用。

環境改善，也能集中精神做生意了。我滿身大汗，頂著晒黑的臉，腰間別著錢包，認真地向路過的人招攬生意。

在我工作的地方前面有間藥局，裡面的藥師常常好心地叫我去他店裡補充水分。而旁邊卡拉OK店的老闆豪邁地把他拿來放瓦斯桶的空房，讓我當倉庫使用。雖然這個倉庫遇到下雨天會漏水，但我都會先用磚頭和牛奶箱子鋪在地板上，再把貨品用塑膠袋裝好放在上面，所以不會有什麼大礙。

附近的內衣店老闆也在新林洞做好一段時間的生意，他不但借我標籤機（貼價格標籤的機器）和桌子等物品，甚至詳細指導我陳列和販賣商品的祕訣。

這個世界和我坐在書桌前學到的完全不一樣。

在這段期間內，我沒想到在這民主共和國體制的大韓民國，光天化日之下，會發生電影才會上演的違法場景。

這個世界並不像我們在教科書裡學到的，依照原理和原則來運作，在這個社會的陰暗處，拳頭仍然淩駕於法律之前。

在弱肉強食的社會裡，富人霸占與蠻橫的態度蔓延著，讓我受到相當大的衝擊。幸好在冷酷的現實之中，還有充滿溫情的鄰居，不致於讓我感到絕望，特別是疲憊厭煩的日子。

拖著癱軟的身體搭上地鐵回到家，癱坐在床上，我也曾不自覺地脫口而出：「啊……好累啊。」有的時候也會挑燈徹夜思考著：我為什麼工作？我為什麼賺錢？我是為了什麼在生活？

每當心情不好的時候，就會想吃甜食。要買奶油蛋糕嗎？不，還是清涼的啤酒？要吃炸雞配啤酒嗎？我依照自己當時口袋的深淺準備食物來吃，突然想到父親。

從小到大，不知道父親在公司工作是有多麼辛苦。看起來比每天念書念得厭煩的我過得還要舒適。

父親從來沒有在我面前露出疲憊的樣子，而我就這樣相信了。看著他每天早上穿著手工熨得整整齊齊的西裝走出家門，讓我覺得父親好像很輕鬆地在賺錢，直到我長大成人，才發現並非如此。回想過去，父親在二十七年間，從來沒有抱怨過自己累。

小的時候，父親會無預警地在下班路上買豬腳或蛋糕等禮物回來，那時只因為父親在回家路上買了食物回來而覺得高興開心，直到今天才明白，或許那天父親在公司其實非常忙碌。而無預警買食物回來的日子，仔細想想還非常多。

DJ DOC有首歌叫〈嘎吱嘎吱運轉的世界〉，像歌詞一樣，這個世界實在令人頭暈目眩，萬一沒有一點令人感到溫馨的角落，我可能支撐不下去吧。

因為打工，我學到了……

雖然路邊攤沒有大資本也能做，

但要記得將「現實徹底是個弱肉強食的世界」銘記在心。

10

建立自尊心

一定有「就算有錢也得不到的東西」。
有時候和親近的人共度的時光會比起有錢的時刻來得更加幸福。
有許多比錢更有價值的東西，祝福著這世間。

擺路邊攤時，有時會碰巧遇到家人或是認識的人。高聲叫賣時若遇到這種狀況，身體都會不自覺地打起冷顫。

舅舅拜訪的那天也是如此。和周圍共事的路邊攤商圍坐在一塊餐墊上共進午餐時電話響了，是舅舅。他說他有事來首爾一趟，既然來了就順道看看我，也就是說他要來新林洞這裡。

感覺心中好像瞬間出現了一塊大石頭壓著，喘不過氣來。擺路邊攤的事情家人並不知情，我並不想曝光我在路邊揮汗如雨地叫賣商品的寒酸模樣。但是又無法叫舅舅回去，只好毫無退路地請他來。

我走進附近的大樓廁所裡洗臉，出來看著我攤位上的商品，不知怎麼地又覺得更寒酸了。如果賣的是昂貴的東西說不定還好，但我賣的是文具用品，均一價三十元、六十元、九十元這樣低廉的價格。

忙著照料上門的客人，連午餐的飯碗也都來不及收，就這樣擱在一旁，這時看到舅舅和舅媽出現在對面，雖然他們笑著看著我，但我看出他們的眼眶泛紅。我努力地盡量不露聲色。

有天也撞見了小學同學。是當時單戀的女同學，因為一直看到有位很像的女性連續好幾天經過路邊攤，於是我試著用Facebook連絡上她，才知道原來她在新林洞的公司上班。我所在的位置就是她上下班的地方，要是她認出我的話該怎麼辦？

我立刻跑到藥局買一盒口罩並且戴上帽子壓低帽簷，因為我不想讓她知道我在擺路邊攤，不想在小學同學之間出現「聽說海樹在首爾擺路邊攤」的傳聞。

才戴上帽子和口罩全副武裝沒多久，那位朋友就意想不到地出現了。她和某個男生親暱地勾著手，走上前來挑選商品。

當他們翻看商品的同時，我低著頭避開視線，在心中默默用標準首爾話練習著「咦？您認錯人了，不是的」這句話。幸好這位朋友到最後沒有認出我來。

遇見這種事情，心情有點複雜。

我又不是小偷，明明認真工作著，為什麼要躲起來呢？我為什麼對我自己做的工作感到羞愧？為什麼我無法理所當然地在家人朋友們面前坦白說我在擺路邊攤呢？

在擺路邊攤時，人們對待我的態度，讓我的自尊心隨之下降。在攤位上陳列商品時，拿廚餘垃圾堆在我旁邊的人❶、沒頭沒腦對著我叫囂的醉漢、一邊抽香菸一邊對著我的臉吐煙霧的人等等，很多人對路邊攤商的態度並不友善，甚至連穿著校服的學生，也會直接把零錢用丟的付帳。和首次見面的人自我介紹時，一提到自己在擺路邊攤，看待我的眼神像是在可憐我似的，對我的態度也一百八十度大轉變。或許如此，我更無法問心無愧。

●更富有卻沒有更幸福的理由

這段期間，我賣了許多東西。從碗盤開始到識別證帶、雜物袋、洋傘、鞋套、拖鞋、填充玩偶、皮包、背包、衣物、樂高、塑膠手套等物品，持續更換著品項。批商品來賣獲得利益後，又批別的商品來賣，然後就產生虧損或發生庫存了。發生虧損，發生盈餘，再發生虧損，如此這般持續輪迴著。

路邊攤也會因天氣受到很大的影響。路邊攤在性質上，如果遇到下雨天或下雪的日子，就沒有辦法做生意。突然遇到下雨時，為了不讓商品淋濕，就得趕緊用塑膠袋把物品包起來，但卻常常因此全身濕透，有時也因此感到心寒，如果那天又遇到警察來臨檢，更是雪上加霜，常讓我在不知不覺中掉下眼淚。

---

❶韓國實行垃圾隨袋徵收制度，依照一般、回收、廚餘等分類。規定市民於夜間丟放至指定位置（家門前或大樓垃圾集中區），清晨再由垃圾清運業者一併運走。文中提及的人物是清運業者的員工，在垃圾車抵達前先行整裡，以方便清運。

我賣過最熱門的商品就是圍巾。這是在思考有什麼商品是不分年齡對象、男女老少皆宜，也不必區分尺寸之後，決定批貨來賣的。我跑了很多家盤商，確實發現有不少設計不錯、價格又低廉的圍巾。

在批貨之前還得先做市場調查，因為在路邊攤商之間還是有必須遵守的商道。如果其他地方已經有在賣保暖圍巾，我就不能賣，這樣才不會失禮。調查結果是當時新林洞沒有攤商在賣保暖圍巾，而且在我做生意的附近也沒有保暖圍巾的專賣店。

保暖圍巾的生意簡直讓我像中大獎一樣。實在太高興了！原來賺錢是這麼一回事！

權老闆看到我生意興隆，也為我感到高興。

就好像終於苦盡甘來一樣，我在商品全部賣完後，異於往常地一口氣下訂一千條保暖圍巾，並且擺了一張桌子、掛上鏡子，我也直接把圍巾圍到身上，一起做生意的攤商老闆們也說圍巾很漂亮，每個人還各買一條。生意一變好，周邊商店的商人們看得眼紅，就會開始針對我報警檢舉，臨檢也因此會比以往更加頻繁，於是乎，我變成當地的知名人物，負責取締攤商的公務員之中，幾乎沒有人不認得我。

從言語威脅並到場鬧事的人到露出刺青前來威脅的流氓，雖然一開始並不順遂，但看著現在的盛況，上坡和下坡也是一條路。正確或錯誤並不是由別人來定義，而是由自己來證明。

歷經一個半月，我的收入提高了約三十四萬元。在賣完保暖圍巾後，我把路邊攤收掉了。做路邊攤一年感受到的是什麼？在做生意之前我曾經深信這是我想要做的工作，直接體驗之後才發現這是自己的錯覺，才有機會從中脫身。

在電視上看到做生意成功的人成為焦點，散發著閃耀的光芒，雖然會產生想效法的欲望，但這個職業本身並不是我的夢想。

看著銀行存摺上列印著我靠販賣圍巾所賺來的錢，二十八萬元。不知道別人怎麼想，但對我來說這無疑是一筆龐大的金額。不知怎麼的，我並沒有相對龐大的喜悅，甚至沒什麼滿足感。雖然賺很多錢能夠讓心情非常好，但不知道該用這些錢去做什麼，覺得一點意義都沒有。

我忽然想起一段在服兵役時和母親通電話的回憶。

「有什麼想吃的嗎？」

「沒有。在這裡也吃得不錯。」

「雖然這樣說，一定有想吃的。隨便說什麼都好。」

「我沒有想吃的東西，我想要一張我們家的照片。」

雖然我的外表看來已然是一位成人，但某個部分仍然沒有滿足幼兒時期的需求，並維持著缺乏的狀態。在和家人、朋友、人之間的關係中，可以感受到的溫馨、人情、包容、溫情等等這些只有人才能感覺到的溫暖感情，我總是感到缺乏。比起身穿昂貴的名牌、開著昂貴的進口車，和家人同聚閒聊日常、削著蘋果分食，更能讓我感到幸福。

如果有個人可以不分理由和條件，讓我面對面訴說當天發生的日常瑣事，我認為這就是一項喜悅。雖然錢也很重要，但也有用錢買不到的東西。雖然我擁有的東西比以往更多，但並不幸福。

喜歡的工作和看起來很好的工作（能賺很多錢的工作）是不一樣的。我雖然做過看起來很好的工作，**但這並不是我真心喜愛的工作。正因為有著未能擁有的迷戀，實際擁有過才能拋棄。請一定要嘗試自己喜歡的工作。**

因為打工，我學到了……

正確或錯誤並不是由別人來定義，

而是由自己來證明。

11

面對傲慢「甲方」❶的方法

賺錢是很辛苦的一件事，
但我們無法因此默認不合理的要求與不正當的型態。
客戶所付出的金錢是針對商品和服務，
並不包含藐視勞動者的權力。
讓我們正正當當地反駁對我們提出不合理要求的人。

❶ 在韓國書面契約上習慣以「甲方」代稱資方，「乙方」代稱勞方。口語上常以「甲方」泛指雇主、老闆或付錢的消費者，以「乙方」泛指勞動者、員工或收費提供服務的人。本書用法屬於後者。

韓國人對待從事服務業的人，就像對待僕人一樣。每當我看到這種事情，都會想跟他們說：「如果這麼想被侍奉得像國王一樣，乾脆直接雇用一個隨從或祕書算了。」把這些事情寫進書裡的理由，除了明白這個社會的不正當認知以外，更想忠實地記錄下社會青年在受到不合理待遇時所感受到心境。

有不少年輕人在勞動現場遭受不正當的處境與不合理的待遇，但是人們卻只會反覆地說「因為痛苦才是青春」「因為年輕，苦就算花錢也吃」「無可避免的話，那就去享受它」這類話語，要年輕人忍耐、堅持過去。

在一開始，我盲目地忍耐，因為時常被耳提面命著要忍耐，也就誤以為這是應該的。但是偶爾也會思考，難道說這個世界上沒有能享受的事情，所以就要我們去享受痛苦嗎？肯定的正面想法當然很好，但總是強加這些想法在我們這些年輕人身上，完全不去改善問題的本質。我在此呼籲，我們要好好地說出：「不對的就是不對的。」

●呼喊「乙方」的權利

在擺路邊攤的時候，有人買橡膠手套回去說要醃泡菜用，但他卻在使用過後，洗乾淨拿回來說他沒有用過，要求退錢；也有人在下雨天買了雨傘，在大晴天拿來要求退貨。

在餐廳工作時，總有一位客人每次來都要吐痰到地上，我鄭重地向他說：「客人，不可以隨意吐痰。」而他卻生氣地大罵：「擦地板是你的工作。」

在打工的時候，曾經聽女學生訴說自己遭遇到的事情：她在打工的時候，曾經被老闆嚴重性騷擾。有一次他們公司在聚餐結束之後，她接到老闆的電話，要求在汽車旅館一起睡了再走，或是在深夜接到老闆的電話、大量的私人簡訊，甚至總是說有特別的事情要說，邀請她一對一的出去外面喝酒。

因為老闆的行為越來越超過，她最後直接辭去工作。

對我吐苦水的女學生眼中泛著淚水，看了就令人心疼。某些男性總是利用自己那微不足道的地位，不合理地要求女性，對於這些人，真的連罵髒話都覺得浪費自己的力氣。

在我目睹過無數多位這樣的人，並親身經歷過後，理解到以下的事實。

如果就這樣放任這種情況下去，就會讓「這裡本來就是這樣」的恐怖公式成立。嘗到一次甜頭的「甲方」，之後到哪裡都會這樣做。而身為「乙方」的自己卻需要一直忍耐對方。

在超市工作時曾經發生過一件事，一位老太太對工讀生發脾氣說，為什麼小孩的玩具這麼貴，要求減價。雖然不干我的事，但實在看不下去，我上前向那位客人鄭重地說：「客人，現在您做的事情就像家裡電視機壞了，卻打電話到電視臺要求修理一樣。我們只是在最末端工作的工讀生，不是決定價格的人。您覺得東西太貴，不要買就可以了。如果這樣還不能舒緩您的怒氣，請直接去跟玩具公司的老闆說。」

這位老太太聽了之後，直問這裡的管理者是誰，要找他出來理論。

奧客總是這樣。如果對其說之以理，總是要求叫上位者來，將自己的音量提高並發脾氣。

這也是在超市發生的事情。有一位大叔跑過來問我：

「喂！小子，酒在哪？」

「什麼？」

「我問你酒在哪？」

「嗯。你去那邊看看。」

我用上兩隻手，恭謙地指了方向給他。接著這位大叔露出不可置信的表情，大聲地說：

「你現在是對我說半語嗎？」

「大叔你沒頭沒腦地跑過來對我說半語，我也就說半語囉！」

「我年紀都超過六十了，理所當然對你說半語。你這傢伙，竟然……」

「啊，原來如此。比國務總理（當時韓國國務總理是五十九歲的黃教安）還要年長呢！那您遇到他的時候應該會『欸，總理啊』這樣地叫吧？因為您年紀比較大。❷」

這位大叔不耐煩地瞪了我一眼就走掉了。

在擺路邊攤的時候也發生過類似的事情。

不知道對方是不是把摺紙當興趣，總是會有人付給我摺了好幾摺的紙鈔，而且總是會在我很忙的時候拿摺好的紙鈔付帳，最誇張的是，對方付給我的每一張紙鈔都是摺好的，這讓我覺得他這樣做是不是在故意找我麻煩。

所以當我遇到他來付帳的時候，我也會故意把要找零給他的紙鈔在他面前摺個幾

---

❷在韓國文化上，對初次見面的人說半語是大不敬。並非是年長者就能直接對年幼者直接說半語。前韓國總統李明博曾經因為直接對小學生說半語，因此遭輿論批評無禮。

次，再塞到他手中。反覆兩三幾次之後，終於可以從他手上拿到平整的紙鈔了。

如果我把之前遇到的奧客事蹟收集起來，說不定可以出一本《教科書裡沒寫的一百位奧客》呢！

在服務業工作所感受到的是，人的道德水平，並不會隨著生活水準提高。

也因為如此，韓國距離先進國家還有一段距離。對做著比自己不好且辛苦的職業的社會弱者擺出奧客嘴臉，看著這種為了得到良好對待而努力的模樣，實在令人感到心寒。

消費者付出錢財，成了把人當成下人對待的理由。

現在也不是什麼封建王朝時代，客人就是國王這種錯誤的意識型態，讓他們更加理直氣壯、毫無罪惡感地這樣做。客人為什麼是國王？

客人和店家（公司）在本質上是提供和獲得所需的關係。店家（公司）提供服務或商品，而客人則對此支付相對應的費用。

到餐廳支付相應的費用獲得餐點，買東西則是獲得與支付金額相當的物品，這是理所當然的事情。我無法理解為什麼客人會提出如此多不合理的要求，而服務業的從業人員則必須看他們的臉色。

賺錢是很辛苦的一件事。但是為了賺錢，卻要對這些不合理的要求和不正當的型態忍氣吞聲，這樣合理嗎？如果今天這樣隨意對待我的人是我的父親、妻子、兒女，又會如何？難道也要一視同仁嗎？我們必須遵守人對人的最基本禮儀，勞方是提供勞力給資方的人，並非連自己的人格也出賣的人。

此外，我也想對正在經歷不正當意識型態的人說：至少不要乖乖待在原地。「乖乖待在原地」這句話對韓國國民帶來多大的傷痛，相信各位都還記憶猶新[3]。

因為打工，我學到了……

沒有一個職業是可以讓人接受藐視的。
對於藐視你的人，你也得藐視他才行。

---

❸指二〇一四年四月十六日在韓國發生的世越號船難。此船難造成沉船意外以及三百多位乘客、搜救人員罹難。當船隻發生異常時，船員透過廣播命令全體乘客「乖乖待在原地」待命，其後船長及船員自顧自地率先逃生。次年韓國大法院終審定讞，船長殺人罪成立，判處無期徒刑。國際主流媒體除了批評公共安全外，更對亞洲的長幼尊卑服從文化表達強烈質疑。

社會常常要我們乖乖待在原地，
但乖乖待在原地並無法徹底糾正錯誤。
在需要行動的時候按兵不動，
是不會有任何改變發生的。
希望這個社會能夠讓我們好好地說：
「不對的事情就是不對的。」

12 和電話另一頭溝通

金錢有時候會讓人變得無情、殘忍，
因此錢有著可怕的力量。
若不想受到錢的影響，就必須理解它的屬性。

做路邊攤滿一年的那一天，我收攤不做了，並且開始做平常就感興趣的打工，也就是電話客服中心的工作。

進到辦公室的那一瞬間，發現這間公司的規模相當龐大。辦公桌整整齊齊地塞滿辦公室，每個位置上都有一部電話、耳機以及寫著指南的紙張，有些辦公桌上還擺著喉糖、水瓶、香菸等等。

電話客服中心的隊長告訴我，如果客服中心的工作適合自己的話當然可以做得長久，但是十人之中有九人撐不到一個月。接著提到這裡不幸中的萬幸的部分——主要應對對象是七、八旬的老人，沒有什麼奧客。工作大致上分為兩大類，一種是負責接打進來的電話的「接入生」，一種是負責打電話出去給客戶的「撥出生」。

客服中心隊長一再強調這裡的服務對象是七、八旬老人，和其他電話客服中心比起來更輕鬆容易，壓力也相對小，但還是能間接感受到這裡有很多人撐不下去而放棄辭職的氛圍。客服中心隊長在一位女性旁邊安排了我的座位。

「這位是在這裡服務最久的人，有什麼不懂的地方直接請教她就可以了。」

在這個無法容忍閒暇休息的地方，坐著一位骨瘦如柴的女性。她在接電話之前會先發出「啊啊」的聲音清清喉嚨，在講電話時還會動用一切表情和手勢。雖然在我的座位上有放著一份「模範對答集」，她從筆記本上撕下一張紙放到我的桌上，上面寫說她會教我一些最近比較容易被接受的句子，也寫了幾個電話應對的範例句，在每個句子上甚至仔細清楚地標記哪個部分必須要有笑容。

我依照她寫給我的句子說，果然獲得很好的回應。讓我感到神奇的是，就算是同樣一句話，用不同的語氣和搭配笑容，人的反應就會產生些許微妙的不同。

●客戶不知道的真實面

我做的工作，是打電話給上年紀的人，引導他們換手機。在業務的適應上並不是那麼困難。不但不必直接和客人面對面，再加上我打電話的對象是年長的老爺爺、老奶奶，心理負擔就更小了，這些長輩們都非常地仁慈友善。

只要按下按鈕，電腦就會按照資料庫儲存的電話，隨機撥出去，全自動撥打電話這點讓我感到非常新奇。當對方接了電話，我按照紙上寫的劇本念出來。

「客人您好。現在正在舉行特別活動，為年長者的行動電話免費換新。只要您攜碼加入我們節約通話費的服務，就免費提供您最新型號的手機。」

接通電話後念完劇本，大概會有兩種反應：一種是心存感激地感謝我們幫他免費換新手機，另一種則是對為什麼會白白給免費手機這件事而起疑。

「我和兒子談談再打電話給你。」

「現在我先生不在家，等一下再打電話給我。」

「我們家女兒跟我說，如果有電話打來說要給我什麼的話就直接掛掉。說得可氣的。」

「我現在要去田裡工作，請你下午再打電話來。」

「今天腰很痛，要去醫院。明天再打來吧！」

這樣的應對聽了幾次，總會令我想到故鄉的老爺爺和老奶奶。

對於心生疑惑的人，有一份最佳應對指南，讓我可以依照對方的語氣和反應做出答覆。我就原原本本地照著這份指南讀給對方聽。只要能解決客戶起疑心的部分，就能讓對方的心態轉為確信。

曾經有一次，一位老奶奶把電話交給兒子，讓我和她兒子通電話。他非常仔細又精簡概要地一一詢問，到底為什麼可以免費拿到新手機。我幾乎「動員」了所有智力，仔細向他說明，而就在我說明的時候也不禁產生了一個疑問：到底要怎樣才能做到免費分送手機？

那時坐在我旁邊的女同事傳了張紙條過來，上面寫著「直接掛斷」。我不理會上面的建議，持續把這通電話講完。不知道她是不是看到我焦急的神情，在我掛了電話後立刻跟我說：「之後也有可能遇到像現在這種把電話交給孩子的情況。這種狀態下就不要再應對，直接掛掉就好。」

「為什麼？那如果客人打電話回來問為什麼掛電話，我們要怎麼回答？」

「反正那邊就算回撥我們也接不到。不要白白浪費力氣，直接掛掉就好。」

我聽到這些話，便馬上感到不對勁，直覺告訴自己有一些地方有問題。我拿起自己的手機，搜尋了我們說的免費送商品。搜尋結果顯示這些並不是最新型號的手機，而是上市有好一段時間的舊手機了。

我起身走向客服中心隊長，一面拿手機畫面給他看，一面詢問：「隊長，我搜尋了一下，我們給的手機並不是最新手機。但是為什麼我們要說是最新型號的手機呢？」

「啊，本來就是這樣，其他地方也是這樣說的。」

本來就這樣嗎？這分明是不正確的，哪有什麼本來就這樣的？我感到不可理喻。回到座位上，我開始對「通話劇本」上寫的內容一一仔細檢討。

於是我開始看到這些「看不見的地方」。年長者被客服人員「節省通話費」的說詞迷惑，便會加入這項服務。但簽約後實際使用就會發現，和當初客服人員講的內容完全不一樣，雖然客服人員的說詞是手機免費，可以無違約金地使用最新手機，但實際上不但手機不是免費，我們也刻意地把自己說成像是電信公司，讓電話另一頭產生錯覺。比如說，實際上不是韓國電信，卻巧妙地把自己包裝成韓國電信，或是與其有關聯的公司。不是電信公司但謊稱電信公司進行的推銷，實際上是違法的。在新聞上也介紹過好幾次，在網路上搜尋「節約通話費詐騙」就能找到相關報導。

只要不是電信公司，當然就拿不到電信公司所提供的組合商品優惠、點數折扣優惠等附加服務。

實際上我到底是在做什麼樣的工作？我想起那位聽到提供免費手機，就接連道謝的老奶奶，也想起對我說現在手機用得好好的，不換也沒差的老爺爺，在我努力按照手冊上的最佳應對方法後，就被說服了。我開始感到罪惡感。

我從自己的座位上站起來，環視四周。看到有很多像我一樣年約二十出頭的年輕人。在這裡有無數多位坐在擁擠的辦公室，認真地打電話，重複說著同樣話語的人。

在做推銷信用卡業務時，前輩曾經對我說：「所謂推銷，就是把物品盡可能地包裝得好看，然後把它賣出去。」銀行和信用卡公司的廣告總是會使用「為了您明智的消費」「為您減少負擔」等臺詞。但幾乎沒有人會去相信這些話。

年費低廉，同時提供很多優惠的信用卡是不可能存在的。就算有這種信用卡商品，站在信用卡公司的立場一定會發生虧損，在之後某個時間就會悄悄地下架，或是暗中更新規定，減少優惠範圍。不只是信用卡，無論什麼商品都是這樣，滿足所有需求，又是低廉價格的商品，絕對不存在。

因此客戶不相信企業所說的話，在實際使用服務之後掌握優缺點，如果發現更好的商品，就會馬上更換。

信用卡公司最討厭的客人就是「採櫻桃的人」（Cherry-picker，在信用卡業界，專指客戶中不僅不用現金預借服務，也不用信用卡購買商品，專挑免費、折扣服務的人）。在信用卡公司工作時，耳提面命地被教育說要小心這些人，但我反而認為這種人才是最聰明的。

在新林洞有間手機店是朋友開的，有次在店裡目睹了一件不可思議的事情。當時有兩位看起來是朝鮮族❶的老太太走進店裡，詢問某牌的手機多少錢。當時老闆毫不猶豫地說「二萬二千元」。兩人離開手機店之後，過不久就拿著現金來買手機。

這讓我感到不可思議。因為當時那支手機已經上市許久，二萬二千元的價格無論是誰看來，都會覺得是被灌水的數字。就像之前提到的，這世界上有像「採櫻桃的人」那

❶指中國朝鮮族，大部分出生在中國東北，母語是朝鮮方言。有些中國朝鮮族會利用語言優勢，到韓國討生活、求學或移民定居。部分韓國人有歧視朝鮮族人的傾向。

樣仔細找出最益於自己生活的人，相反的，也有討厭複雜事物，堅持一切從簡的人。所以商人會喜歡這些好騙的「兔大頭」。

這就是消費者必須自己變聰明的理由。

我在那張寫著「直接掛斷」的紙條背面寫上「我受到良心的譴責，做不下去。」之後放到桌上，離開座位，走了出來。那天是上工的第二天。

幾個月後打開電視，新聞正播報著要大家小心以老人為對象的「節約通話費詐騙」，沒有比這更令人期待的消息了。雖然新聞現在才報導，但我認為至少能亡羊補牢，是件好事。另一方面也感覺到，韓國距離成為保護弱者的社會還有很長一段路要走。

我是怎麼放棄電話客服中心的工作的？在那裡工作的地方，對象不是老爺爺、老太太，我就做得下去嗎？還是因為我和他們不一樣，是心中充滿正義感的人？完全不是這樣的。老實說，我只是因為不是那麼急需用錢而已，因為我的狀況還可以負擔吃住，才這樣逞英雄罷了。

但是在那邊的人，每個人看起來都一樣「迫切」，坐在我旁邊那位工作最久的女性也是一樣。對他們來說，這份工作只是剛好是個賺錢的工具，我無法批評他們是好還是壞。如果今天不工作的話，那麼包含自己在內的幾位家人連基本生活都過不下去，對於這種人，又該怎麼伸出手指指責他？這現實令我感到難過。

不是人騙錢，而是錢騙了人。不明事理就會被騙，「瞬目不函，或喪厥鼻」不只是節約通話費詐騙本身的問題而已。

金錢會讓人變得無情、殘忍。在親眼目睹後，讓我覺得錢真的很可怕。只有知識才是力量。

因為打工，我學到了……

在電話客服中心的業務，是非常重要的感情勞動。

不過工作環境冬暖夏涼，不妨一試。

第三章

達成我所願

在工作時，遇見不少和我一樣年輕的青年。

年輕人們無法找到安定的職業，

持續打工的理由比比皆是。

雖然打工是為了夢想中更好的生活，

但大部分的人卻因為打工，自己的時間都被奪去，

讓自己從競爭之中脫落，又重新開始打工，

陷入這悲傷的輪迴之中。

富有的人和貧窮的人之間，並不只有經濟上的差異。

至少這樣的社會結構，

並不是可以靠個人努力去解決的。

01

此生中最痛苦的七小時

最重要的，是自己。
雇用契約是雇主和勞工之間的約定。
做了約定就要遵守，但如果沒有互相尊重的精神，約定就無效。
我至今仍夢想著，未來能有個遵守最低限度禮儀的社會。

小時候看著電影或連續劇，總是對富翁產生幻想。富翁的生活到底是什麼樣子？我想見識一下他們的生活和消費。首先，我上網搜尋了首爾的富人社區。江南、城北、漢南、清潭、盤浦，不計其數。我想實際和他們接觸，於是試著尋找百貨公司的求才廣告，也因此開始在江南某個知名百貨公司裡做起保全人員工讀生。這也是我人生中最短暫的打工。

第一天上班，就被組長叫去進行一對一的教育。組長叮囑我：「要注意那些推著推車急著上廁所的人。」

說是因為會有人進了廁所，把未結帳的東西吃掉或換上新的衣服出來，要我好好看著。我不禁覺得，這世界上真是什麼樣的人都有。

接受完教育，我要求組長把我分配在人潮流動率最高的地方。我花了大概一個小時學習勤務姿勢、問候方式、應對客人的方法等等，便馬上投入勤務。原本剛進去的新人會從人潮流動比較少的地方開始工作，然後逐漸分配到人潮多的地方。多虧我有事先講，所以第一天就把我分派到百貨公司最多人的正門前手扶梯入口。手扶梯連接著地下餐廳和大型超市，以及上層的購物樓層。

做保全人員的工讀生，依照所規定的時間，在同一位置站兩個小時之後輪替。雖然名義上叫做保全人員，但實際上做的事情是接待客人。用立正的姿勢站在手扶梯前面，注視著正前方。

對走進來的客人說「您好，歡迎光臨」，對離開客人說「謝謝，再見」，工作內容其實就是在每個人經過時低頭問候以及協助客人拿購物推車，把推車稍微往外拉的事情。

就算是平日上午，來購物的人仍然非常多。在別人正忙著上班的時候，哼著歌來購物的客人，到底是做什麼工作的呢？

聽著客人的對話內容，觀察客人購買的商品，讓我想起擺路邊攤時看著人們急著上下班的光景。大部分的人都是緊繃著肩膀，面無表情。換句話說，就是他們的身上堆滿了疲倦吧！相反的，在這裡的人又該怎麼說呢？從頭到腳都散發著悠閒的氣息。

●不管什麼時候都不能拋棄的價值：自由

才開始工作沒多久，我就遇到奧客了。他把裝滿東西的購物車推到我面前，對我說：「很重，幫我推到停車場。」

在工作時間堅守崗位，是我的任務與職責。對他說明自己無論什麼理由都不能離開崗位，拒絕他的要求後鄭重道歉，客人說：「這又沒有什麼，連這都不能幫忙。」並開始發脾氣。但這不算什麼。因為這段期間我透過各種打工遇見過各式各樣的人，累積了應對各種奧客的經驗，這種程度對我來說簡直是小菜一碟。

比起奧客，有更令我感到不適的事情。因為這件事情總讓我冷汗直流、雙腳發抖，甚至難以站立。直到下一個值勤的人出現，我終於可以從現場離開。

不知不覺就這樣過了七個小時。

我走進休息室，看到其他職員坐在椅子上玩手機遊戲，女職員則是看著鏡子補妝。我對組長說：「雖然很抱歉，但我覺得這份工作不適合我。很難繼續做下去。非常對不起。」

我拿起外套，離開大樓。在休息室的同事跟著我跑出來並叫住我。

「喂。你再做四個小時就可以拿到日薪了，你要這樣中途放棄離開嗎？」

「比起日薪，更可惜自己勉強待在這裡的時間。」

回到家，我思考為什麼其他人可以忍耐地工作，我卻覺得浪費時間想離開？仔細想想，做為保全人員，不必擔心被臨檢、不必擔心天氣、不必擔心攤位、不必擔心業績，又可以在好的工作環境工作，比起擺路邊攤有著太多優點。

在百貨公司裡工作，當然比擺路邊攤好上幾百倍。擺路邊攤在夏天要忍受日晒和悶熱的空氣，滿身大汗地工作，而冬天則是要忍受刀割般的冷風襲來，忍受凍傷的寒冷與痛苦，但也只能守著攤位，為什麼會覺得相較之下簡單的保全人員辛苦，而半路逃跑呢？

讓我逃跑的理由，就是在我四周監視著我的監視器。

那些監視器隨時監看著我，工作時間看哪裡、如何問候人、姿勢端不端正等等。我知道一直都會有人坐在監視室裡監看我，只要姿勢稍微站得不端正，或是為了指引急著問路的客人暫時離開崗位，無線電對講機就會響起。

保全人員除了必須一直站著，腳會有點痛以外，沒有什麼太困難的事。只要不要有什麼奇怪的人拿著槍出現在百貨公司就好，但是這份工作卻讓我如坐針氈。被誰監視著，又必須看著誰的臉色做事，這實在讓我很難受，壓力破表。

「自動自發、自律工作」和「看著臉色做交代的工作」兩者差異極大。無法依照自己的想法和決定自由行動，必須在指定時間內不能離開工作崗位的負擔感，有著某人透過四面八方無數多支監視器監視我的心理壓迫感，因此必須要花費相當大的心力思考一切行動，我感到相當厭煩。

但仔細想想，事實上我們比起自律的生活，更習慣「他律」的生活。

在家裡也是，在學校裡也是。我的父親是掌握父權的人，為了家庭認真地工作，在職場受到許多表揚，而且能夠在美術、辯論、文學等各種競賽中得獎，是個非常熱情的人，但他在家中卻是個對子女展現權威至上的人。比起溝通，更多時候是指示和強迫。

不只有家庭是這樣，在學校中也是相當地「他律」。學生比起夢想和希望，被強迫接受齊頭式的生涯，只要從這個隊伍中稍有偏差而脫隊，就會被批評是落伍、魯蛇。

幾乎所有瑣碎的事情，我們都會依照他人的判斷來達成。無論自己喜歡抑或討厭，我們已經在理所當然地反覆實行和熟悉之中存活下來，並且知道怎麼看人臉色。即使是這樣的我，仍然很難熬過那一分一秒監視著我的監視器。

做了保全人員之後，我得知在工作上對我最重要的價值就是自由。有很多人為了賺錢，在工作中倒下，失去了健康。而在那之後恍然大悟似的，為了恢復健康而花掉那些錢。最重要的事情，不是父母、不是公司，更不是朋友，而是自己。

沒有比勉強自己忍耐，為了錢而失去自我，還要更蠢的事情了。而且也沒有這種必要，因為在這個世界上還有那麼多領域，那麼多種工作可以選擇。

只要有流汗工作的決心，工作並不是那麼難找。

最重要的是自己。雇用契約是雇主和勞工之間的約定，做了約定就要遵守，但如果沒有互相尊重的精神，這約定就無效。難道希望這個社會能夠遵守最低限度禮儀，只是個夢想嗎？

因為打工，我學到了……

依照自己的意願而做的工作，和依照指示、看臉色而做的工作，會產生極為不同的結果。

02

我們生活在同一個世界嗎？

雖然金錢不是一切，但在現實上卻能造成明顯差異。
有些人對自己闖的禍不必負任何責任，為什麼？
理由只有一個：錢。

在江南地區的百貨公司、大型超市打工，可以一窺富人們的購物型態，不過我想在更特別的狀況下看看他們的樣子。雖然和我屬於不同「世界」的人，但既然是存在在同一個世界上，更想親身體驗看看他們的生活，所以開始尋找位於首爾的富人社區——清潭洞地區的打工。

在找的過程中，我得知清潭洞某一棟豪宅的樓頂要開派對的消息。雖然我對派對沒有什麼興趣，但對於只有特別的人才能享受的世界是什麼樣子，實在感到好奇。因為到目前為止，我還真的沒有去過夜店。

「去夜店」是我二十歲時立下到三十歲前要達成的願望之一。富人們的派對是什麼樣子呢？好奇心驅使之下，我去應徵了派對當天的櫃檯人員，並在這場派對中負責製作料理。

我收到老闆傳來派對地址的簡訊，於是動身前往。那是棟有著寬敞陽臺的豪華大樓。要買下這棟大樓要花上多少錢呢？我揮去腦中這些沒有意義的想法，走進大樓裡。

走到屋頂上，真心覺得雖然這個地方名叫屋頂，但實際上根本就不只是屋頂這麼平凡的地方，這裡擁有在連續劇裡才看得到的風景。

首先映入眼簾的是插滿紅酒瓶的紅酒裝飾檯、古典的蠟燭和香檳，以及掛著裱框好的畫作，裝潢就彷彿是過去曾經工作過的禮堂一樣高級。

看著看著，心中就越來越好奇會來到這裡的人，到底是哪些人？

●有打翻水的人，也有必須去擦水的人

雖然派對是晚上八點開始，但我們必須在三點就先去做準備。我和老闆一起從車上

搬運食材和各種裝飾品、調理器具等等到屋頂上去。也搬運了非常多盆栽，使用的花多到讓我搞不清楚自己應徵的是料理打工，還是花店打工了。在料理材料中，也有這輩子第一次看到的東西。就算看了產品說明，也全部是寫外文，看也看不懂到底是什麼。

我們將調理飲食的桌子放到宴會場最裡面的角落，接著把桌椅擦乾淨，完成家具擺設後就馬上開始準備調理食物。

逐漸接近派對時間，和派對相關的工作人員也陸續進場，小提琴演奏家、主持人、攝影師、調酒師等許多人都提早到場，忙著前置作業。時間一到，又開始好奇，到底是什麼樣的人會來度過這奢侈的時光呢？我向外望，江南的夜景真的非常地美麗動人。華麗的霓虹燈看板和建築水泥森林的美麗燈光，五光十色。一樓門口有警衛和泊車小弟正在待命，而大廳裡則有帶位人員負責將被邀請前來的貴賓引導至會場。保時捷、荒原路華、賓士等高級進口車接連開了進來，貴賓開始三三兩兩地上樓。

他們全都像電影裡面的貴族一樣，每個人步伐都充滿自信、威風凜凜。男士們穿著名牌訂製西裝，女士們則是化了全妝，穿著奢華的名牌套裝、手拿名牌包。雖然不清楚這是什麼主題的派對，但能夠確定的是，映入我眼簾的那些人散發著不同於一般人的光采，而且很有錢。在貴賓中，也有演藝人員，但是因為藝人來了覺得稀奇驚訝的人，只有躲在角落料理食物的我們這些工讀生而已。

小提琴開始演奏，派對也隨之開始。在角落包含我在內的櫃檯人員組，馬不停蹄的製作料理，在主桌之間來回奔波。穿著一身訂製服並享用著美食的貴賓，和位於宴會場角落利用手機燈光，製作食物的我們之間，似乎有一面看不見的牆。

人們就好像審查委員一樣，對端出來的食物評價著外表和味道，就好像在使喚專屬廚師一樣，各自對料理再次提出要求。

「請在這裡多放一些鮭魚肉。」

「請把麵包切小一點。」

「這個如果醬料多一點就好。」

「請把這個熱一下給我。回來的時候順便帶些雞尾酒過來。」

為了滿足人們各式各樣的要求，忙得不可開交。在料理食物的桌子和餐桌之間，來回奔走大概超過百次。

就在這個時候，有一位女士把水打翻了，我雖然看見了但是卻裝做沒看到，因為在每張桌子上都準備了擦手巾。

水從桌子上流淌下來，滴到地毯上，但是沒有任何一個人起身擦拭，我拿著裝滿食物的盤子上前服務時，那位女士把我叫住。

她用手指著水滴下去的地方說：「請清理這邊。」

她的眼神相當冷酷。彷彿是在對我說「要在我說之前清理乾淨呀！」一樣，就好像電影《老千》裡面，金惠秀說「我是梨花女子大學出身的女人呀！」的那個場面一樣。我抽了紙巾擦拭了這些水漬，雖然只是彎腰擦拭這個動作，氣氛卻相當微妙，現在回想起來，似乎有種被侮辱的感覺。

擦完水漬，當然連一句道謝的話都沒聽到。她在我彎腰擦拭水漬的那一瞬間離開了座位。當我一回到位置上，看到警衛過來拿食物吃，和我們的老闆聊著天。

「今天的食物實在太棒了。多虧您充分地準備，我們老闆也相當滿意。」

老闆被客戶稱讚，看起來相當高興。我一邊覺得慶幸，一邊覺得悲傷。人們花了錢，就變得理直氣壯。

我們其實都知道，在販賣物品的人面前，有錢的人位處高位。相反的，在收錢的那一方，因此自動地彎下腰。

工作自下午三點開始，在過了子夜才結束。拿了二千三百元的日薪，到了一樓往上看會場。在陽臺上那些拉小提琴的演奏家、注視著現場狀況的宴會企畫人、冷汗直流且看著眾人臉色炒熱氣氛的主持人、毫無休息空間製作著雞尾酒的調酒師、拿著笨重相機以小碎步前進的攝影師、在角落製作食物的櫃檯人員組，以及從開始到結束，默默堅守在崗位的警衛。雖然在場都是人類，但卻分成了花錢的人和賺錢的人。我切身感受到，雖然金錢不是一切，但在現實上卻能造成明顯差異。

因為打工，我學到了……

如果想暫時見識一下上流社會，可以試著做看看宴會打工。

03

外貌與能力的相互關係

在我們的社會裡，存在著對外貌的歧視。有魅力的外貌雖然被分為「頂級的人」，但外貌卻不一定與工作認真的程度成正比。

韓國人在雇用人的時候，真的很看外表。雖然說外表長得好看不代表工作做得好，長得不好看的人也不代表工作做得不好。實際在現場工作時，似乎可以充分理解為什麼會有這樣的雇用標準。

我曾經做過問卷調查的打工。是因為有一次在弘大街上遇到正在做啤酒問卷調查的老太太，幫她寫了問卷後，我突然對這份工作很感興趣，深入研究後，了解到現在有座談會、監視器螢幕、食物、網路等各式各樣的問卷調查打工，在這之中，我應徵了香菸的問卷調查打工。老闆會告訴我日期和時間，調查場所在江南地鐵站的一間藥局前面。

那天真的很冷。在藥局前有很多人聚集到一塊，看起來都是應徵香菸問卷調查的人。業者相關人士到了現場，把人群分為三人一組後，拿出香菸，每組分了二十包香菸，並說明工作內容就是去自己負責的區域，對正在抽菸的人做問卷調查。抽什麼牌子的菸、選擇該產品的理由，誘導對方抽自己公司的菸之後，詢問對方對它的味道和設計的意見，以及有沒有購買的意願，要問大約三十人左右。雖然看起來簡單，但具體上要問的問題相當繁多。

我們小組被分配到的地區是新沙洞的路樹街。雖然路樹街原本是人潮流動率相當高的地方，但或許因為那天很冷，路上都沒什麼人。我們組員除了我以外，另外兩人都是女性，我們相互反覆地說著好幾次的「實在太冷了，趕快結束回家去」。

看到遠方的餐廳，有三位男子走出來抽菸，我們趕緊跑上前去，和他們搭話。

「那個，不好意思。先生您好。」

他們只看了我一眼，沒有任何回答，只加快腳步離開。我雖然跟上前去繼續搭話，但沒有人回答我，最後只得尋找別的癮君子。過了好一段時間，才在遠方看到兩個男生。我自然地走上前去，笑著向他們搭話。

「您好。天氣很冷吧？」

「對呀，怎樣？」

他抽著菸，把我上下仔細打量了一番。雖然他的回答相當簡短，但表情就像上了擂臺的選手一樣充滿攻擊性。

「天氣很冷，一定感到很不方便吧？我正在做香菸的問卷調查。如果方便的話，可以請問您們在抽什麼牌子的香菸嗎？」

那個男生對著我的臉吐了的一口長長的菸氣，並問了我：「為啥？」在那一瞬間，我差點脫口而出「你是討打嗎？」

「這是我們即將推出的香菸。您想試抽看看嗎？」

「不要。」

果然還是失敗了。冰冷的冷風如刀割般不斷地吹來。我真的很想趕快回家。不久後，我看見遠方有五位男性走了過來。這次則由兩位女生上前搭話，突然之間他們的臉上快速出現了光芒，他們不但把正在抽的香菸熄了，還把雙手從口袋裡拿出來，以畢恭畢敬的態度，開始積極地傾聽女生們所說的話。

不只是這幾位男生，其他男生也一樣。雖然也有人喊了聲冷就走掉，但大部分的男生都願意頂著冷風回答完整份的問卷調查。

「吃飯了嗎？」

「很冷吧？」

「給我妳的電話號碼，我就做問卷。」

也有人指著傻傻地站在後面的我問：「站在後面那男的是誰啊？」

觀察一下在附近做問卷調查的小組，也是由女性上前和行人接觸，男性則像一張屏風似的，站在後面拿著大包小包，像我一樣扮演著駄夫的角色。

●以外貌取勝

在做問卷調查時，看著那些對漂亮女性頻頻獻殷勤的男性，令我想起《醜女大翻身》這部電影。只是因為又醜又胖就被辱罵，而全國上下卻認為這是理所當然的。如果我不是男性，而是電影裡那位又醜又胖的女生，那些男生又會如何對待我？或許在工作時會頻繁地因此受傷吧。看著這些對待我不如對待那些女性親切的男性，令我感到一絲絲的羞恥。

韓國社會對於外貌的歧視明顯存在這件事，也可以在博覽會打工時深刻體會到。

我曾經在COEX會展中心裡舉辦的首爾咖啡秀裡擔任小幫手的角色。咖啡秀號稱亞洲規模最大的咖啡與食材飲料流行文化交流會場，同時也是食材飲料的國際交易平臺。數十個大大小小的業者參加，徵求著各式各樣的工讀生。其中有項打工吸引了我的注意。只有這項工作支付的薪水很高，但是條件是優先錄取身高一百八十公分以上的模特兒或是模特兒志願生，以及乾淨的外貌。

雖然我的身高和外貌都不符合條件，但我決定硬著頭皮上。在送出履歷表後我立刻跑去鞋子賣場，我的身高是一百七十五公分，墊了增高鞋墊後就是一百七十八公分，再穿皮鞋的話就完成一百八十公分的條件了。求才廣告上很明白地寫著一百八十公分以上，沒寫不認可皮鞋和鞋墊這回事。

我認為能夠打動對方的決定性因素是人的能力。雖然我沒有模特兒的經驗，但我相信只要展現我認真誠實的態度，就會選上我。幸好順利通過了這次的面試，我也得以開始在COEX會展中心上班。

選中我的業者所派的工讀生，包含我在內總共有六位。男生四位，女生兩位，除了我以外，每個人都是郎才女貌，擁有傲人的身高，以及直接去當演員也不為過的完美外表。我們打工的公司是將咖啡糖漿、雞尾酒糖漿、水果濃縮液等食材供應販賣至酒吧、咖啡廳的流通公司。我們所做的主要工作就是向來訪的客人提供飲料和雞尾酒試飲，並且販賣、宣傳產品。如果企業的CEO或生意人對產品有興趣，就將他請到攤位裡面，引介給老闆。雖然這份工作與外貌、身高一點關連性都沒有，但正因為工讀生的外貌出眾（除了我以外），讓我們的攤位人聲鼎沸。

連外國人、知名電視明星都造訪了咖啡秀會場，現場擠得水洩不通，寸步難行。雇用我們的公司老闆常常注視著工讀生，大小事情都進行干涉。

「從剛剛到現在怎麼都只呆站在那邊？認真積極一點行嗎？」

工讀生當中有一位現任模特兒，但也只有那位大哥每次都被罵。第二天，室長把我們都叫來，除了那位模特兒大哥。

「老闆要我把○○送回家。說不能再這樣下去了，你們怎麼看？」

我們異口同聲的說，不能就這樣送他回家。我們都知道人手不足，現場忙得不可開交，要是模特兒大哥離開的話，工作就必須由五個人來負擔。因為我們的反對，那位大哥得以繼續工作。

來咖啡秀的外國人當中，也有日本客人。我因為會一點簡單的日語會話，於是和他們搭話，也勸他們試喝。語彙不足的地方，就比手畫腳，不是什麼大問題。別的攤位職員們看我說著蹩腳的日語，都被我逗笑了。

不管他們是不是在看我笑話，我都不在乎。這不會讓我感到羞恥，反而覺得有趣。過去的我非常在意別人的視線，連在大白天與人碰面都相當困難，而各種多元的打工經驗，使我一點一點地累積勇氣，讓我變得勇敢。

對面競爭業者的相關人士走到我們攤位，向室長搭話。

「我第一次看到這麼認真工作的人。他是你們的員工嗎？」

「他是在這次活動期間，短期來幫忙的人。」

那個人走到我面前自我介紹，遞了一張名片給我。

「如果有機會的話，希望能和你一起工作。請務必和我連絡。」

在那一瞬間我非常不知所措。室長在旁邊看著，我卻拿了競爭對手的名片。再加上室長是面試時錄取我的面試官。室長笑著說沒關係，要我趕快收下名片。

「海樹，這實在是太好了。記得對老闆保密喔。」

我回到家仔細看了一次求才廣告的內容。如果一開始覺得肯定不行而沒有投履歷到咖啡秀打工的話，也不會有這樣的經驗。我的決定能有好的結果，實在倍感欣慰。

像是咖啡秀打工這樣必須面對客戶的工作，有絕大多數都包含著「外貌」這個徵人條件。因為良好的外貌會給予好感，在必須推銷商品的公司立場來看，說不定是必要之惡。到頭來，外貌歧視這個問題，必須從根本的人心去改變嗎？

但是**外貌並不代表一切。雖然富有魅力是一項極大的優勢，但若以誠實、認真出類拔萃，就又說不定了**。實在是令人欣慰。

這世界上沒有什麼天長地久的事情。自己平時輕視、辱罵的人的醜陋模樣，難保有一天這個人不會超越自己。年輕人只要經歷歲月也會成為老人，再怎麼漂亮的人也無法一輩子擁有美貌。如果人的認知能夠一點一點地改變就好了。

因為打工，我學到了……

如果喜歡到處走走看看新奇的東西，會展的打工說不定非常適合自己。

04

不管如何，生命總會找到出路

所有的事情都會過去，
雖然在最艱苦的時候會難以相信。
希望現在在某個地方經歷苦痛的人，
可以好好地撐下去。

我曾經做過公寓住戶掃除的打工。

公寓的建築工程結束後，裝潢業者會留下各種施工時產生的廢棄物，而我做的掃除工作，就是把這些廢棄物拿出去丟掉，並且清除大量灰塵，所以比一般的掃除或住戶打掃還要來得辛苦。

到現場接受簡單的安全教育，然後各自拿一頂安全帽。

我們攀登公寓大樓所使用的電梯不是一般住戶使用的電梯，而是黃色的，被稱做「吊重機」的工地現場專用電梯。

將工程完畢後所產生的垃圾和使用過後的工程材料蒐集到麻布袋裡，接著透過吊重機運送到外面丟。但在清掃過程中，發現到處都是大便，而且還不是普通的多。一開始不知道是大便，還用手去抓了往麻布袋放。發現不對勁後，不禁在心裡吶喊：「天哪！這裡怎麼會有大便？」

「大叔，為什麼這裡會出現這麼多大便？」

「公寓都這樣，沒辦法。」

一起工作的大叔露出沒什麼大不了的表情。無論是走道、樓梯，還是房間內，大便到處出沒。在清除排泄物時心情不是很好，除此之外都還可以。因為平時習慣了多種體力勞動，這點事情還可以堅持下去。做著做著就熟悉了。

在我工作的公寓對面是○○區公所。有一天，一起工作的大叔，向我問道：

「你有看到新聞嗎？」

「什麼新聞？」

「說昨天那邊有人從屋頂上跳下去。」

「真的嗎？」

我拿出手機，搜尋了〇〇區公所，「五旬現任公務員自〇〇區公所屋頂跳樓身亡」的新聞標題映入眼簾。大叔說的不假。

能夠讓人拋棄所愛的家人離去的世間，實在是又殘酷又險惡。我傻楞楞地看著區公所，默默地說：

「至少給家人打一通電話呀……」

區公所上，似乎重疊著我傷心哭著的影子。

●能夠讀懂我心聲的「唯一一人」

我的心中有個傷口。

我的家庭從外人看來是不錯的，雖然不怎麼富有，但也不缺乏物質，父親就像韓國的其他父親沒什麼兩樣，有著責任感，是個冷冰冰的家長。但母親就不是這樣了。個性像火焰一樣，遇到一點小事情就容易破口大罵、發脾氣，常常體罰我。體罰嚴重到會讓我會去懷疑自己是不是她的親生兒子。通常也不是犯了什麼天大的錯誤，只是還沒有開口解釋的機會，母親的手就會先伸出來。只要被母親體罰，我就會跑到屋頂上看著天空，放聲大哭。

雖然朋友們都羨慕那些家裡很有錢的朋友，但我卻一點也不羨慕。因為我從小就清楚理解到，錢無法代替父母的角色。我常常感到羨慕的對象是堂弟，因為嬸嬸的個性溫和又顧家，看著嬸嬸耐心傾聽兒女的話、尊重他們的意見的樣子，總會想「如果我是堂弟就好了。」「如果嬸嬸是我媽媽就好了。」

我討厭母親並不是因為她嗜賭，而是她對我的態度。

我在入伍後結束新訓，準備下部隊時做的第一件事，就是去買一瓶燒酒，到外祖父母家拜訪。我幫外公外婆斟酒，這樣向他們秉告：「未來直到我死為止，都不會再來這裡了。」

從那天開始，我和母親也斷絕了關係。雖然父親和哥哥有和母親連絡，但我不會。至今已經過了六年。

不久之前和朋友吵架吵得很凶，沒有忍住怒氣，打了朋友一巴掌。雖然明白暴力是無論什麼理由都不能容許的事情，但是我仍然不由自主地動手了。我驚覺自己原來對於忍耐只有這種程度，太令我驚訝了。

看到自己將平常最討厭的母親不好的一面，原原本本地重新上演，一股巨大的失望感和挫折感襲來，好像天就要塌下來一樣，我忽然覺得自己沒有活下來的理由，想死掉算了。

事情結束後，我回到單身公寓，但卻難以入眠。我把銀行帳戶裡的錢全部轉帳給哥哥，買了四瓶燒酒喝。接著跌跌撞撞地爬上屋頂。

我倚靠在欄杆上。如果從這裡掉下去會有多痛？活著和死亡只是一步之差吧？雖然想一躍而下，但看到地面，不禁感到可怕。雙腿顫抖，實在太可怕了，我在屋頂上哭了好一陣子，這時我突然想聽聽父親的聲音。

「嗯？兒子啊，這個時間不睡覺，怎麼了？」

從電話另一頭傳來剛從睡夢中醒來的父親的嗓音，卡在喉間的悲傷情緒瞬間潰堤，我開始放聲大哭，就好像打開水龍頭一樣，淚水直流。這時父親卻裝模作樣地說：

「你沒有朋友讓你在晚上喝醉酒之後打電話嗎？你那麼多朋友都到哪裡去了？」

過了許久，好像把全世界都哭完一樣，才冷靜下來。父親沒有掛電話，傾聽我訴苦超過一個小時，心情終於好多了。之後因為覺得太丟臉，有好幾個月都不敢打電話給父親。

●發現自己的心

我在打工的時候，也曾遇見狀況比我差，卻笑著過活的人，有一位大哥在父母離婚後和母親一起生活，為了癌症末期的母親做著苦工，努力賺母親的醫療費。遇到這樣的人，總讓我反省，絕望又看不到希望，但卻忍耐著默默過活的人比想像中還要來得多。

有些人會說「不要哭」「不要傷心了」，並要我們忍耐。我認為這些話是錯誤的。

人是有情感的動物。沒有必要刻意忍耐那些傷心的事、難過的事、內疚的事。我想找到那就算僅有一個，也能夠懂我心情的人，傷心就說傷心，要哭就大哭一場，把一切苦水都吐個痛快。

我們可能會覺得抓著某個人嚎啕大哭是很丟臉的一件事。但丟臉只是那一瞬間，如果做了錯誤的判斷，就無法回頭了。人死了，就沒辦法說話了。總會有想尋死的時候，在那一瞬間，若沒有做出超越那極端的選擇，就是萬幸。

因為打工，我學到了……

希望現在在某個地方經歷苦痛的人，可以好好地撐下去。

05

有能力的勞動者的條件

在評價勞動者前，必須先思考自己是怎麼看待勞動者的。相信勞動者，才是發現有能力的人的祕訣。

我在找工作的時候，認為最重要的是能不能遇到很多人，以及能拿到多少月薪。因為月薪是維持我生計的最重要因素，而人群則是為了克服我膽小的個性。雖然一開始很怕接觸人群，所以盡可能找接觸人的機會較少的工作，但隨著時間經過，便努力找可以遇見很多人的工作來做。面對人，我就想盡量對話。我時常好奇別人是怎麼生活、如何思考的。

我來到離家最近的人力仲介事務所，請他派我到有著最多人的地方工作，於是我就被派到韓國數一數二的摩天大樓建設現場去了。清晨五點出門搭地鐵上班，可以看到很多背著背包、用厚重的衣服把自己包裹得緊緊的人在等地鐵。雖然搭過幾千次地鐵，但這卻是首次遇見的光景。壓低帽簷或是背著厚重的背包，形形色色的人都看起來很簡陋，這些都是從人力事務所出來，一大清早就開始工作的人。

下了地鐵站，走了一小段路，到了施工現場，很多人露出疲憊的神情抽著菸，令我驚訝的是，竟然有很多和我一樣年輕的人。也就是說從很久以前開始，就有很多大叔和二十歲的年輕人為了賺錢，清晨聚集在這裡，為凍僵的雙手取暖，爬上摩天大樓工作。

一走到裡面，量完血壓，接受完安全教育後，我們個別領取了工具和安全帽。裝備好必要工具後，走到外頭，許多人密集地聚集在一塊。站在司令臺上的人大喊「口號準備！」所有人就舉起手喊出「喔咿！」接著說「防止墜落事故！」眾人接著「防止墜落事故！」「防止墜落事故！」「防止墜落事故！」大聲喊了三次之後，以「加油！加油！加油！」作結，再拍手三次。接著就像什麼事都沒發生過一樣，回到自己的位置上。我感到又神奇又陌生。

工地現場根本就是社會的縮影，只是規模不一樣大罷了。在資本主義社會裡，契約上的雇主「甲方」和雇員「乙方」立場分明，「必須要做出符合該崗位的角色」，這樣的壓力會從四面八方而來。

在工地現場，就像在軍中區分階級一樣，安全帽顏色依照身分來分發。白色是管理監督者，分給○○建設的管理監督者和他下面的直營管理監督者。VIP、會長、專務、常務、幹部都戴白色帽子。在現場最多的帽子顏色是黃色，同時也代表著最低的職級，用白話來說就是做體力活的人都戴黃色帽子。藍色是協力業者，紅色則是火災防治要員或引導人員。

人們依照自己所戴的帽子顏色行動，並接受相應的管制。通常勞工在現場沒有名字，通常是以「喂」「那個」「嘿」「黃帽」這樣被呼來喚去，而勞工之間則用更難聽的話互相稱呼，例如「狗雜工」。

●對待勞工的方式

這裡的工作結構和上命下服的系統和軍隊相當類似。在辦公室的建設總公司職員向管理監督人員下指示。管理監督人員則在早上朝會時向外包廠商及直屬班長下指示，直屬班長則向各個部門底下的小班長再次下達指示。小班長（不是正式的班長，是那種在現場工作許久，被默認當作班長的人）則帶著人力事務所來的勞工執行作業。

戴著白色安全帽的人到工地現場，雙手交叉在背後到處走來走去，四處往地上吐痰。但戴著黃色安全帽的人只要雙手放到口袋裡或是在發呆，就會遭受指責。也有該戴黃色安全帽（勞方）的人戴著白色安全帽（管理監督人員）到處閒晃，被所長發現後大罵一頓。

我記得那時有一位惡名昭彰的直屬班長，他被大家暗自稱做「盧特勒」，取自於他的姓氏和「希特勒」，合併之後得出的綽號。他會用皮鞋踢人家的小腿，只要勞工站著不動或是站三七步等等不符他的意，就會被他瞪。要是和他對上眼，或是做事的方式被他挑剔，便會立刻被送回家（即被辭退），實在不可理喻。戴著黃色安全帽的勞工，就連休息也都要看人臉色，所以必須在沒有人的地方休息才行。

在打這份工之前，都以為在房屋的工地現場做的工作都只是單純的苦力，但事實並非如此。有磁磚工、塗佈工、鷹架工、木工、泥匠、玻璃工、石工、配管工、鍋爐工、機械設備工、鋼筋工、熔接工、塗裝工、雕塑工、衛生工、風管工、班長等各式各樣的匠人和技術人員在工地現場工作。雖然依照他們的技術不同，拿著相異的薪水，但他們的工作也被統稱為「苦力」，如此被人們輕視著，看了令人心寒。

我做的事主要是搬運磚頭、水泥、水管、鋼筋之類的建設材料，或是攪拌混凝土，以及把四處打掃乾淨。某次在搬運長條鐵水管到另一個地方時，發生了一件事。

大部分的人搬運水管時，即便還沒到達目的地，但還是會習慣在遠處把水管往前投擲。這樣做的話，水管有時候會彈出來，金屬碰撞聲也很吵，非常刺耳。我不想這樣投擲鐵水管，我會小心翼翼地把鐵水管搬運到指定的場所，並且把它們的兩端對齊並排擺好。班長見狀，對我大吼：「你這小鬼，在開玩笑嗎？還是在扮家家酒？不要做這些沒用的事情，直接用丟的就好！」

我從小在學校學到的，就是必須把物品擺放好，並按部就班地放整齊，但在這裡完全不同。好像來到一個用常識講不通的世界。

在冬天我也汗流浹背地認真工作，人也跟著瘦了下來。後來我在工作時不小心傷到了腳踝，去醫院接受物理治療，休息了幾天才去上班。後來才知道認真工作的人經常受傷，常常為了養病而休假；反而那些常常偷懶並看他人臉色工作的人，都不曾休息，每天都上班。（臨時工拿的薪水，是依照他們上班的天數來計算）比起真正認真工作的人，管理人員反而稱讚這些時常偷懶、只是每天來露臉打卡的人，說他們認真且辛勤地工作著。

無論做什麼事，默默認真做事的人總是會讓自己的工作量增加，人們對他的期待值也相對提高。若工作做得好，理應給予更高的報酬，但往往只有工作量大幅增加的回報。這種人只要一休息或是沒有達到期待值，就會被罵、被指責偷懶。

相反的，平時不怎麼認真工作的人，工作量和以往沒兩樣，只要表現出認真的模樣，就會被稱讚。

規定早上七點上班，下午五點下班。就算提早結束工作，也必須無條件等到五點過後才能下班，領到日薪，也就是說不管認不認真工作，只要準時上下班打卡，就可以領走當天的日薪。或許因為如此，比起負起責任感、認真工作的人，在場大部分的人仍選擇讓自己更輕鬆地工作。每個人都拿一樣的報酬，這種結果是理所當然的。

對待勞動者的方式也讓人感到納悶。不正確地對待擁有各種能力的人，也不依照業務的難易度來區分彼此，誰會盡全力來工作呢？尋找有能力的人並不需要特別的方法。只要知人善任、適材適所，並且給予與工作相對應的高報酬就可以了。人被怎麼樣的對待，就會發揮什麼樣的能力。

這是在設備組工作時發生的事情。我們的組裡有兩位個性完全相反的班長。一位是常常看書，個性溫和的A班長以及時常抽菸喝酒，個性急躁的B班長。

兩人分派工作給勞工的方法也截然不同。A班長常常這樣說：「首先是安全，其次是安全，最後還是安全。今天沒有完成也沒關係，不要受傷就好。最重要的事情並非完成工程，而是各位的安全。請各位絕對不要受傷。」

而對於結束工作回來報告的工人，就算只是些不起眼的小事情，A班長也會和他說因為他做了那些事，讓現場的人獲得什麼樣的方便。例如：「今天他把電風扇擦拭得乾乾淨淨，讓在這裡工作的人整個夏天都能夠更涼爽地工作了。」讓工作的人清楚地知道自己工作目的，讓他感到自己的勞動是值得的。

B班長和A班長就不一樣了。時常喊著「快點快點」，並且吩咐大家要在今天完成不可能做到的龐大工作量，快馬加鞭地催促著。例如吩咐人去打掃，不僅範圍龐大，而且壓迫對方必須在規定的時間內全部打掃完畢。整個打掃乾淨需要充分的時間，每次只要要求延長時間，就會被馬上拒絕，所以人們就不得不把看得到的地方打掃乾淨，看不到的地方就隨意打掃，來滿足時間需求。

不管是超時工作打掃乾淨，還是因為時間不足得看臉色地只把看得到的地方打掃乾淨，B班長總有發脾氣的理由。要是請他從「快速做完」和「乾淨掃完」之中二選一，他一定會說「快速且乾淨」並驅趕著人。

但令人驚訝的是，在同樣場所、同樣的工作，要是由A班長來指示，完成度反而更高。A班長分派了自律的工作後，並不會中途來確認。事情做完後也是去報告就好。相反地，B班長則是時不時打電話來確認工作狀況，也會時不時出現指責碎念，人們在A班長下指令時，總是帶著責任感，連沒有吩咐的事情也一併找出來解決，但在B班長下指令時，反而互相看著臉色，推遲著工作。

像是某個下雨天，我們在位於最頂層的地方整天用鏟子鏟著水。如果水滲進來積了水，就要用鏟子把水鏟到水桶裡，再把水倒到外面去。大約有二十個人左右從早上開始到下班為止，毫不停歇地反覆鏟雨水、倒掉、鏟雨水、倒掉……實在是一件白費力氣的事情。

我想搞清楚我們做這件事的理由，問了周遭的人，沒有一個人知道。「反正就是要我們做呀！」「不知道，反正就是叫我們做。」「因為他們叫我們鏟，我們就鏟罷了。」只得到這種不知所以然的答案。雖然每個人都露出不耐煩的表情，但也認真地鏟著水，把水裝到水桶，再拿去丟到大樓外。整天鏟水倒水，一到下班時間，所有的人都下樓。我們做著這徒勞無功的工作，感到惋惜的是，沒有任何一位管理人員對我們任何一個人說明理由。

我有位認識的學長，跟我講了一件因為工作的關係去到某個交易對象為大企業，所發生的事情。這天正好那家公司的老闆要來巡視，在夏天豔陽高照的日子，所有的員工都跑出來，把老闆會經過的柏油路上的黑點統統刮除乾淨。他還加了一句：「這就是上班族的命，無可奈何。」

希望每個人自己做的工作，都是有意義的事情。沒有人會想將「沒必要的鏟水」當作是自己終身的工作。但令人難過的是，我做的工作之中，相當大的部分是在做沒有用的事情。

不管是穿著律師服帥氣地站在法庭上的人，還是在工地現場汗如雨下工作的人，雇主和雇員之間總是會簽下雇用契約。雖然如此，雇主對勞工至少該說明工作內容，我認為這是對勞工最基本的禮儀。

而且請務必相信勞動者。如果總是抱持著「我只要眼睛一離開，他們一定會偷懶」的想法，誰還會願意認真為你做事？在評價勞動者前，必須先思考自己是怎麼看待勞動者的。

雇主總是深信如果給予勞動者自律性，工作就不會順利進行，但我在現場見識到的並非如此。勞動者也是要吃飯過活的，因此不得不認真工作。因此，真的拜託雇主相信勞動者。這才是發掘有能力的人的祕訣。

因為打工，我學到了……

在批判青年為什麼討厭流汗的勞動之前，
先檢討一下我們是怎麼對待勞工的。

06

確實地讓人生過得不幸的方法

確實讓人生過得不幸的方法，
就是勉強自己為了錢去做不喜歡的工作。
如果要賣掉自己的幸福才能賺錢，
那只不過是為了賺錢而不幸的人罷了。

在工地現場，聚集著來自首爾各地人力仲介所的數百位勞工。在早上朝會結束後，就分別分配到指揮臺、辦公室、飯店、旅館、展望臺、機械設備、設施安全、環境、電氣、起重、伙食支援等勞動地點去。每個部門每天所需的人力數量不同，所以每天都會更換勞動地點。早上勞動地點一訂下來，當天就不能做更換，因此每個人都豎起觸角，仔細看著自己屬於哪裡。

決定勞動地點的人事權力，掌握在直屬班長的手上。每天早上我們必須排隊，依照需求分配人力，不過直屬班長總是會考慮勞工和自己的裙帶關係來分配人力。和班長親近的人，就可以依照自己的希望，被分配到想去的地方，而大部分則是遵照班長的指示分配。就憑這個人的一句話，來決定當天要去塵土飛揚的地方流著汗搬運水泥，還是輕鬆地拿著掃把掃地。正因為直屬班長對自己的工作環境影響甚大，那些很會看臉色的人總是為了吸引直屬班長的注意，費心地在臉上勉強擠出微笑。

最可怕的權力，就是人事權了。

人們在掌管人事權的人面前，就個個低著頭，變成一隻隻溫馴的羊。早上朝會時，除了分配人力的班長以外，各部門的班長也掌握著人事權，班長在有需求時可以補充夜間工程所需的人員，雖然夜間工程會增加工作時間，但隨著加班時間增加，能拿到的日薪也會跟著變多。

因此在需要夜間工程的地方，總是會聚集著人群，競爭激烈到甚至出現「夜間考試」這樣的說法。不過比起平常格外認真工作的人，平時和班長維持好關係，「政治手腕」好的人才會被優先選中。

有一位大我十二歲，和我處得不錯的大哥，他不管到哪裡總是在口袋裡放滿糖果，見到人就笑著遞出糖果。要是看到掌握人事權的班長，就快步上前去說著辛苦了，並按摩他的肩膀，塞給他紅蔘、維他命、提神飲料等等。

有時還會奉上在家裡熬煮的枳椇子茶，甚至會借班長錢。多虧如此，這位大哥總是能夠擁有自由選擇工作環境的特別待遇。

越接近完工日，人力便隨之削減。一聽到這個消息，就會開始出現幫班長買酒，或是用自己的錢買三合一咖啡來倉庫放的人。不僅如此，人性也會開始赤裸裸地暴露出來。為了在結構改組下生存下來，不但會去揭露別人的弱點，還會陷害別人犯錯，就好像在看一部連續劇一樣。奸巧算計的人，最後總是能夠生存下來。

在這樣不起眼的苦力勞工之間，都能一而再再而三地上演權力鬥爭、關說、趨炎附勢等戲碼，那在企業和政治領域又如何呢？

●珍貴的生命、卑賤的生命

只要有成果或功勞發生，就全部歸屬在下指令的班長身上。但如果在工作途中發生預料之外的事故或傷亡，錯誤則算在當事者身上，或指向低階層的人。若有共同責任，大部分都指向其中的弱者。

曾經有位和我一起在安全設施班工作的大哥。在工作途中，發生讓他腳踝骨折的事故。安全監視團首先確認大哥的事故後，打了通電話給某個單位。接著上級人員出現，確認大哥腳的狀態後又往某個地方打電話，說「上面的人」要來看才行。又過了三、四十分鐘，也沒有任何的處置。他抗議說：「把受傷的人丟在一邊，到底是在做什麼？送我去醫院！」這時周圍的人才攙扶著他，把他帶去停車場。在停車場甚至為了不讓一般人看到他受傷的樣子，由保全人員層層包圍著。

大哥出事後過了一個半小時，才終於到了醫院。管理人員不僅一句慰勞的話也沒說，還質問他是不是故意受傷，詐領保險金的慣犯？並威脅他說要確認監視器畫面，派他來施工現場的人力仲介所所長，也被叫去總公司，被追問工人是不是故意受傷的。

一直都是這樣子。勞工受傷的話，眾人總是異口同聲地罵他。一位和我同年的年輕人，和上文中提到設備組B班長在進行清理消防栓的作業過程中發生事故，弄斷了手腕。在工作之前不但沒有受到任何安全教育，或是被交接作業注意事項，在工作時班長更不斷壓迫勞工說「今天一定要完成」。一發生事故，分配工作的班長便主張自己沒有任何錯誤，規避責任。而眾人更是在旁附和、數落著他：「對呀，你要小心呀！怎麼讓自己受傷了呢？」

他受傷的手腕被縫了七針，但卻無法獲得職業災害保險補助。他在結束醫院治療後回到工地現場，被班長威脅「明天開始你不必來了。」三天後就被解雇。

某天朝會宣導著：要是有危險情況發生，或是有人受傷，不要打一一九報案，一定要先跟班長和安全監視團報告。從小我學到要是受傷或發生危急情況就打一一九報案，現在這是什麼情況？問了身旁的大叔，大叔回答：「因為如果建設工地現場發生事件或事故，市政府就會介入制裁，工程就必須中斷進行。」在這個世界上，其他價值比人還重要，這令人昏厥的現實實在太悲傷了。

有一位經由人力仲介所派來的大叔。他雖然不是正式班長，但因為在這裡待久了，被暗中當作班長看待。而他真的是那種吃軟不吃硬，只顧自己利益的人，並把別的人力當作用完就丟的消耗品看待。

雖然在長期工作的人之中，很難找到沒受傷的人，有些人是醫院的常客，更有些人因此獲得殘障手冊，但都只有當事人委屈著。可是這位大叔卻是晉升順遂。他在工作人員齊聚一堂的朝會時走到臺上，接受總公司頒發的優秀社員表彰。

那張獎狀在別人眼中，是犧牲自己流血流汗為公司帶來利益的人，才能從公司拿到的肯定與證明。如果那張獎狀被我拿到，肯定立刻被我撕得稀巴爛。臺下的人們也看他很不順眼，暗中咒罵著他。但是隨著時間經過，開始出現模仿他的人，就像俗諺「青蛙忘了蝌蚪時❶」一樣，在他底下的時候咒罵著他，但一坐上那個位置，就用一樣的方式開始對待人了。人們比起改變不正確的認知和慣例，反而是為了在當下存活下來，更認真用心地去追求強者的階級。

我終於明白，在建築工地現場認真工作，是一件很蠢的事。

在工地工作許久的人，每當看到年輕人出現時，就會像說口頭禪似的惋惜著：

「年輕人不要待在這種地方，快去公司就職吧！」

「因為你像我兒子才這樣說，不要做這種工作，去做別的吧！」

「做這種苦工，會被女生討厭的，年紀再大一點就沒辦法結婚啦！」

「虧你還長得人模人樣的，你再繼續待在這裡人生會落伍的！」

在他們之中，無論是誰都不認同自己做這麼久的工作，也找不到一個人因為這件工

❶意指成功後就忘了辛苦的過去，行為舉止就好像從一開始就如此成功般。

作自豪，更不用說擁有職業使命感。

只為生計而工作的人，生活品質並不好。清晨一大早看著月亮上班，又看著月亮下班，更不分平日和週末地每天工作。

建築工地現場被社會保障系統排除在外，所有的費用都是由本人負擔。

其中最令我驚訝的是薪水的部分。現在的日薪和四年前在人力仲介所做派遣工時做比較，整整漲了二百八十五元。在建築工地現場存在著投標人、仲介業者等拿下的仲介契約，壓低價格外包再外包，產生根深蒂固的不合理惡習，但在這裡工作的人，卻沒有拒絕這種不合理的力量。只是為了多賺一分錢，認真的工作著。

人生就是這樣，有明有暗。在建造如此閃耀的高樓大廈時，總是有人得被骯髒的屎尿潑得滿臉都是。這棟建築物的簡易廁所拆除作業幾乎都是我在做，在設備組工作時，被交付拆除這裡大大小小廁所的差事。

在拆除這些簡易廁所時，得用電鋸將連接的老舊汙水水管鋸開，而淤積在裡面爛掉的糙米雜糧等各種種子和排泄物殘渣，噴得我整身都是。又因為我得在爬梯上作業，除了眼睛因為閉起來而得以躲避，整張臉其他部分都無法閃避這些飛濺的糞便髒汙。雖然人們常說「既然逃離不了，那就享受它」，但說到底還是很難享受這種東西。

這讓我覺得，在電視上常常有醫師推薦著五穀雜糧和糙米飯多吃對人體有益，但吃了又沒辦法被人體吸收，那為什麼還要去吃呢？

如果這份工作對我來說是好工作，被排泄物弄髒就算了，但事實卻並非如此，我的人生實在是又不幸又慘不忍睹。

如果找不到做這份工作除了錢以外的理由，一定要仔細考慮，未來要如何活下去這件事。

因為打工，我學到了……

正所謂罵人罵己。

人們總是將自己遭受的行為，再反覆加諸在弱者身上。

不斷重演壓榨行為的社會，是沒有希望的。

確實地讓人生過得不幸的方法，
就是勉強自己，
為了錢去做不喜歡的工作。
如果要賣掉自己的幸福才能賺錢，
那只不過是為了賺錢而不幸的人罷了。

07

無名小卒們，為巨龍的犧牲

摩天大樓之所以能夠綻放出絢爛的煙火，
背後一定有著無數多位勞動者的犧牲和血汗、淚水。
如果我們總是能想到華麗外表的另一面，
那這個世界應該會更溫暖一些。

在摩天大樓的工地現場工作一年間，最喜歡的就是擔任可以從地下直達屋頂展望臺的電梯引導人員了。做這份工作，見到的都是鼎鼎大名的知名集團董事長或企業幹部、VIP、各行各業的上流階層等大人物。雖然建築工地現場充滿著各種危險和繁重的工作，但他們走的路總是鋪著紅地毯，並維持著整潔。每次見到這些平時只能在電視上看到的人物，都覺得很稀奇。看著這些以VIP為首的人來來去去，讓我深深感受到韓國真的是個階級國家。他們和我至今見識過的優秀人物完全不同次元。就好像見了湖水再去看大海的那種感覺。

從開車到開門，戴安全帽、拿皮包、問路、按電梯按鈕等小事情，階級越高的人就越不必親自動手做。不僅是企業，就連他們的行為舉止全部都是「外包」的。在他們身邊一定都跟著保鑣和幾位輔佐人員，有時候還會跟著幾位記者。每當我看到這些和自己生活在不同世界的人，都不禁思考，我和他們有什麼不同呢？家境、經歷、學歷、財產、身分等所有東西都不同。這差異之大，令人不禁倒抽一口氣。但他們和我唯一公平又相同的只有一件事。不只是我，其他人也是一模一樣。

對於全世界任何人，所賦予的公平且相同的一個條件，就是時間。

我就算錢財再多，在世界上任何地方，都沒有能夠購買時間的方法。

領悟到擁有龐大組織及上兆韓元財產的董事長，只能使用和我相同的時間，讓我心情大好。我感受到我所使用的時間更有意義。

擔任電梯引導員，成為了一個讓我重新定義「時間」的機會。

●不能出現在眼前的人們

這是我在高樓層部門時的事情。這個樓層塵土飛揚，我正忙著進行工程。突然管理人員上來對工人們大喊：「董事長來了，快點清理！」

所有人都立刻放下手邊的工作，開始打掃。作業用機械、混凝土、磚頭之類的大型資材，全部搬到角落去蓋上塑膠布或是移到其他樓層去。眾人忙著打掃、清理、丟垃圾，還用澆水器一邊澆水一邊打掃，塵土飛揚的現場頓時變得一塵不染，乾乾淨淨。打掃就算了，但連馬上要用在工程作業上的材料都移開，這件事讓我百思不得其解，上前詢問班長。

「原本放在這邊的材料都是因為今天下午要用，昨天大家費盡力氣堆上來的。但卻只因為有個誰要來，就必須把它們全部清理掉嗎？在工地現場有混凝土和磚塊，不是理所當然的事情嗎？」

班長的表情變得相當不耐煩。

「這裡本來就這樣。」

啊，只要覺得不合理，就會登場的句子出現了。真是令人髮指。我接著跟班長說：

「那麼，那個人來的話，我就要直接一五一十地告訴他。」

「什麼？你以為你是誰？叫你做什麼就照做！」

高層人物來訪，連電梯的運作方式也會出問題。本來電梯是為了在建築工地現場工作的工人方便上下樓而運作，但當董事長或其他有頭有臉的人物來訪時，就必須方便他們，停著待命。而工人們也因為無法搭乘電梯，就必須更換作業的優先順序，如果急的話，就必須走樓梯搬運材料。

不僅如此。進行夜間工程的加班人員，在下午工時完畢後到夜間工程開始前，有一個小時左右的休息時間。對工人來說，是個能夠閉上眼睛休息的珍貴時間。大家進到勞工休息室或更衣室，在地上鋪上攤平的紙箱躺下打盹休息時，安全監視團突然急急忙忙地跑進來，搖醒所有人。

「請移動到其他地方。請去安全門樓梯間或其他任何看不到的地方躲起來。」

在睡夢中被驚醒的人們臉上露出不可思議的表情，反問道。

「嗯？我們又沒犯什麼罪，為什麼要躲起來？」

「副董事長正在過來的路上。會馬上經過這裡。」

這是這裡常見的場面。人們從位置上起身，開始冷嘲熱諷著。

「哎呀呀，大官要移駕至此，小人們當然要趕緊閃啦！」

「這些傢伙把副董事長當成什麼佛祖在拜咧！」

我和大叔們一起躲進角落的安全門樓梯間。我曾經聽說過「當集團的力量越大，每個人就只能躲起來」，但不知道原來真的得躲起來。

來視察的人並不遵守這裡勞工們所遵守的秩序和規定，只看自己的心情和方便。這樣的話怎麼可能顧慮到勞工的安全呢？

在我工作的大樓裡，有一個展示館。展示館內有這棟建築物的模型，並仔細說明著規模和每一樓層的介紹，也是訪客最先來訪的場所。在這裡工作滿一年，剛辭掉工作的我曾換上室內拖鞋，走進展示館。負責打掃的阿姨在發現我之後大吃一驚，急急忙忙地跑上前來。

「你以為這裡是哪裡？哪可以隨便進來？趕緊出去！」

「我是在這裡工作的人。今天是我最後一天上班，不能進來看一下嗎？」

「不行。這裡不是誰都可以進來的地方。」

「阿姨，我在這裡辛苦工作了一年。如果在這裡流著汗水蓋這棟大樓的人都不能進來看，那這棟大樓是為誰而蓋？」

阿姨最後反覆說著如果我進去，她就會被罵之類的話。讓我想起電影的一個場景。奴隸們認真揮灑著汗水，蓋起金字塔，但最後能夠進去的只有埃及王族法老。我和這些奴隸有什麼不同？古時候遵照主人指示工作的奴隸，和現代為了別人而工作的勞動者，難道有什麼不一樣的地方嗎？

我又想到一件在這裡工作時發生的事。

某次工作結束後，在速食店簡單地填飽肚子，接著和朋友到電影院看了電影，之後到超市購物。在結帳的時候，拿出信用卡的那一瞬間，我呆住了。今天一整天我所到的地方全部都屬於○○集團的相關企業，甚至連我使用的信用卡發卡公司也是。一整天辛苦賺來的血汗錢，又重新回到這個大集團裡。我們不僅太習慣這種事情，甚至一點也不陌生。我能脫離這個框架嗎？想了真讓人心底直發寒。

我想起很久以前在書上讀到的一句話：

「韓國的美麗資本主義，是由『乙方』的屍體搭建起來的。」

辭職後，我透過電視得知我曾經工作的摩天大樓，展開了一場大規模的煙火慶典。看著大樓完工的樣子，內心雖然感到欣慰，但我卻不想再回到那個地方去了。

人們看到這五光十色的煙火會怎麼想？希望大家能夠記得，華麗的大樓平地而起，直到綻放著光芒，背後是刻畫著多少勞動者的犧牲和血汗淚水。

我真心期盼我們的社會不要再容許使用像是「本來就這樣。」「叫你做什麼就照做。」之類的句子。

因為打工，我學到了……

「本來就這樣。」「叫你做什麼就照做。」之類的句子如果持續反覆下去，我們的社會也只能停滯在原來就沒有什麼希望的狀態。

08

只圍繞一處的激情

我們會感慨活著很困難的理由，
應該是分給我們的那一塊餅太小的緣故。
分明做的是一樣的事情，卻有人拿得更少。
這就是所謂不公平的社會。這讓我更夢想著：
不分彼此，只為了這個世界共同努力的社會。

隨著預定完工日越來越近，減少工作人員的結構調整作業也隨之開始。平時熟悉的面孔一個一個接著消失，不只是環境組，所有組別的部門規模都開始縮小。

有一天環境組班長過來告訴我們，環境部長要來，除了人力仲介所派來的臨時工（因為總公司和人力仲介所有簽約，只要一通電話就能調派、調整人力仲介所的人力），所有的人都必須在午餐時間到辦公室集合。

總公司的部長，是管理環境部門所有人員的總監督。我雖然在環境組工作許久，但因為部長總是待在總公司，也沒能見到幾次面。

午餐時間快結束時，大家開始三三兩兩地聚集到一塊。即將要發生什麼事情大家好像都心裡有數，整個房間的空氣又冷又乾燥。反正我是臨時勞工，也沒有理由待在這裡，但伴隨著好奇心，我還是和大家一起在辦公室外等待。人們的耳語之間，述說著上個月總公司部長也曾經到訪，但是沒有徹底執行減少人員，所以又再次來訪。最後部長終於走了出來。

「我很清楚明白，知道大家都很辛苦工作，這樣說實在是於心不忍。但就直接對大家開門見山地說了……」

就如意料之中的，部長要說的就是縮減人員的事情。上個月裁員後剩下約二十人，這次必須要一口氣裁員到剩六個人才行。他補充說明，因為還有一段時間，要我們趕緊找別的工作。人們低頭看著地上，不發一語。

部長一走出去，氣氛便變得混亂。就像在玩互看臉色的團康遊戲一樣，大家安靜著迴避著彼此，盡量不對上眼，只盯著班長看。因為沒有人願意主動離開，班長只好直接點名。

「雖然很過意不去，A、B、C你們還年輕……就稍微讓步吧。D因為正在接受治療，醫療費負擔也很重，還必須待一陣子吧？我也很抱歉，很不想跟大家說這些話。我知道，我也即將離開這裡。這是沒辦法的事。」

就這樣，大家很有默契地訂好了順序，只過了一兩天，人員數就快速地減少了。

●給我們的那塊大餅太小塊

在我做過數十種工作中都有一個共通點，就是所謂的「非正職」。

「非正職」換句話說，就是「今天當場裁掉，也不會令人感到訝異的人」。

非正職只是拿最低時薪，雇用型態也不安定，因此也沒有長久被綁在同一個地方的理由。因此我也不因為「工作」而綁手綁腳。

但非正職的困擾並不只是因為工作不安定。在酬勞部分也時常遭受荒謬的不合理對待。在被人力仲介所派遣工作時，日薪的多寡取決於當天做什麼樣的工作。但是常常遭遇被吩咐做辛苦的工作，日薪卻給得少的情況。舉例來說，在被派遣時得知日薪是二千八百五十元的工作，到現場做了一整天的搬運工（用人力搬運建築資材，像是混凝土、磚頭、合板等重物的工作。主要是在沒有升降梯的工作現場進行。）照理來說是要拿到日薪三千七百元，但是辦公室卻只給了日薪二千八百五十元。也會發生像是早上吩咐價值二千八百五十元的工作，但下午卻被吩咐做別的更辛苦的事情，最後也只給日薪二千八百五十元的狀況。大部分的勞工都在工作現場硬著頭皮忍耐，回到人力仲介所來跟所長吐苦水。

「今天一整天都在做苦工，只給二千八百五十元，像話嗎？」

但所長也無可奈何。騙人的人是吩咐工作的人，不是人力仲介所的所長。人力仲介所只是每天依照和建設工地簽約的單價付給勞動者日薪，自己賺取勞動者薪水之中百分之十的手續費罷了。

在做信用卡推銷業務員時，前輩經常對我說：「如果沒有用處就會毫不猶豫地被丟掉，這就是業務員。」在這裡也一樣。不，不管去哪裡都是一樣的。或許因為如此，人們才更嚮往穩定且雇用有保障的公務員。也說不定在競爭中勝出的某個人現在看著我寫的文字，會說出「所以要認真念書呀！」也說不定。

如果說要縮減人力，就輕易地被拋棄，又得重新開始找其他工作。如此地無限輪迴著。雖然這是理所當然的事，但現實卻令人鼻酸。現實就是做著危險、惡劣、骯髒的工作，給的酬勞卻少，受傷就被裁員，經濟不景氣也裁員，利用價值消失也被裁掉。

非正職和正職的差別在哪裡？根據職業種類而有所不同，所以在這裡沒辦法隨意下定論。如果非正職和正職的工作內容不同，我不會認為兩者要受到相同的待遇，但希望不要只因為是非正職，就得全盤接受過度不合理的待遇。

而正職和非正職，站在公司的立場來看，都是被雇用的「乙方」，我認為這兩者與其互相對立，不如互相理解、體諒，同心協力地一起創造更好的工作環境。

舉例來說，有一盤比薩，八片之中有兩塊已經被做比薩的人吃掉了，剩下六片。拿出其中兩片讓人玩剪刀石頭布，給猜拳猜贏的人。而許多人為了得到這兩片比薩互相激烈地競爭，在各自孤軍奮戰之中，有個人悠悠哉哉地走了過來，把四片比薩拿走，而多數的人為了這兩片比薩打得死去活來，完全沒有注意到這件事。

我們會感慨活著很困難的理由，應該是分給我們的那一塊餅太小的緣故。

上位者拿走太多，讓底層勞工能分到的分量變少，只能互相競爭。但是透過競爭贏得這兩片比薩的人，卻毀謗其他認真努力卻吃不到的人，說他們吃不到的原因全都是因為自身努力不夠。雖然我不敢站在指責的立場，但仍然期盼著，我們不分彼此，一同努力迎接更好的世界的一天能夠到來。

努力真的非常重要。但是不能只用努力不夠來評價所有的事情，雖然說個人的責任要自己負責，但社會的責任則是需要社會的成員共同努力來負責。

因為打工，我學到了……

不要只因為非正職的理由，而過度責難年輕人。

我認為，

「你們就是因為努力不夠，才會變成非正職，受到不合理待遇是正常的。」

這種想法是不對的。

就像正職依照努力的程度，

獲得酬勞一樣，

非正職也該依照努力的程度，

獲得相應的評價才對。

09

仙拚仙，害死猴齊天

在我們的社會裡，
有代替別人做危險工作的人。
希望社會能讓這些人不受歧視，
並依照所做的工作獲得相應的報酬。
這才是正常的社會。

勞動現場的不合理，在其他的工地也毫不例外。我在營造大企業旗下的生產工廠的建設工地工作時，也上演著相同的戲碼。

這裡的工作是在安裝好巨大的ＰＶＣ管線後，由結合工（ＰＶＣ熔接師）來進行熔接，將管線連接在一起。而在工地現場的休息室裡，掛著巨大的布條，上面寫著「我們工地現場的工作再怎麼重要，也不會重要到讓各位勞工受傷。」

果真如此？實際上在勞動現場，有無數件事故發生。我在這個工地現場常做的工作是，幾部貨車載著巨大的PVC管運送進來，接著將整捆PVC管綁在起重機上運到地底下，再由地底下的工作人員接手，放到巨大的推車上，分別載去工廠的倉庫。

有一次進貨的量非常多，從大型卡車上卸貨之後，堆放在運動場上。原本得用起重機將它們運到地底下，但這時總公司的員工卻跑來說，今天的風太大，不要進行這項作業。因為風太強，不能使用起重機。

「那麼就這樣放在這裡，明天或後天風變得比較小的話，再開始作業。」

「不行，沒辦法就這樣放在這裡。這樣看起來不美觀，我們不要放在這。」

幾位勞工紛紛提出替代方案，這位員工都堅決否定。最後不得以只好動員所有的勞工，用粗麻繩綁木板做成背架，接著在上面放管子背到背上，走著狹窄的階梯，一一搬到地底下。

在工作過程中，這種事情發生不只一兩次。勞工們花了一整天的時間辛苦搬運物品堆積整齊，總公司的員工們只看了一眼，就說著不要放在這裡，要我們搬到別處。那麼我們就得重新全部搬走。事情沒有這麼快結束，比稍早那位員工位階更高的人來看了，說擺放的位置看起來不適合，或是單純看不順眼，就又再次指示要移動位置，有一次甚至因此在一天之內搬運了五次同樣的貨物。

就像「仙拚仙，害死猴齊天」這句俗語，總公司員工之間無心的幾句話，讓外包業者的員工累得人仰馬翻。

下指令者說的那一句話，雖然只是說完就走，但卻讓外包業者們，投入龐大的勞力。

我認為這真的是既不必要，又不正確的陋習。

●何時不正常的事情正常化了？

做體力活的人有一個奇怪的特徵，就是會把做的苦差事當作英勇戰績似的，互相爭論著誰做得比較辛苦。舉例來說，在摩天大樓的工地現場工作時，有個人說：「昨天董事長說要來，我把一千五百塊磚頭搬走，還以為要累死了。」這時旁邊的人就接著說：「區區一千五百塊磚頭也拿來說嘴。我在副董事長來的那天還把兩千塊磚頭給弄走。」

接著，又有人接著說：「我在搬四十公斤水泥袋的那天升降機故障，只能全部背上肩走樓梯搬運，這種事情才累吧。」但卻沒有人說一句像是「這一定很累，辛苦你了。」這類的話。

在做別的工作時也時常見識到這種光景。在路邊擺攤的時候，有人說「唉唷，昨天真的好冷」的時候，旁邊的其他人便會接著說「那種程度哪裡算冷？」並且強調他自己在雙手凍傷的時候仍照常工作。

就好像在擂臺上競爭著誰比較辛苦一樣。看著這些人在那邊自豪著自己工作有多累、做得比誰辛苦的樣子，我實在無法理解。不是互相訴說自己工作辛苦，互相體諒、互相安慰，而是說著自己更辛苦，和對方受的苦互相競爭，每當看到這種情況，就令我想起勒羅伊・瓊斯[1]所說的話：「奴隸實在太習慣自己身為奴隸的生活，令人驚訝的是，他們開始互相炫耀起綁在自己腳上的腳鐐。誰的腳鐐比較光亮，誰的腳鐐比較重等等。」

這就是將不正常的現象看做正常的結果。遲鈍到不知道不對的事情是不對的，一切就會變得理所當然。舉例來說，在面試時說會在工地現場提供安全鞋和其他安全裝備給工人，並且確認完簽名再開始工作，但實際上卻沒有提供。雖然有些地方有，但事實上，大部分的工地現場都沒有提供，我工作的地方也是如此。

因此我不但沒有被分配到安全裝備，甚至還得用自己的錢買手套和安全帽。當時一起工作的其他人也是如此，如果向管理人員詢問「都過了幾個月了，為什麼還不提供？」反而奇怪的人是我，並且還會被認為「其他人都沒說話，這傢伙怎麼這樣？」

在建設工地現場工作，有時候在看起來沒什麼危險的環境，反而常常發生意料之外的工程事故。從工人的口袋裡掉出捲尺，砸到在下層工作的人，害得他牙齒被撞斷了等等。但就像先前提到的，如果工人受傷，並不會有人去擔心他，反而會去責怪他害公司或人力仲介公司受到損失，而受傷的一切責任都歸屬在工人身上。

當企業做出好產品，販賣獲利，就有人必須去做辛苦且危險的事情。這種事情，就是由非正職的外包勞動者去代替執行。

但是他們無法獲得正當的酬勞，並且被歧視著。這個現實實在令人傷心。

而我也理解到，為什麼人們總是不能在下班時間準時下班。因為總是有人在上頭壓迫著一定要把今天根本不可能完成的事情給統統做完。

於是就必須增加工作時間或增加人力。但是人力是固定的，要做的工作卻逐漸增加，就得拉長原有人員的工作時間了。

---

❶LeRoi Jones，美國作家阿米里．巴拉卡（Amiri Baraka）的筆名。

人力仲介所所長只要有一點事情，就會說「就憑你！」之類的話。他年紀大，常常混著半語對人說話，無論對方年紀多寡，總是在眾人面前辱罵著人。「大韓民國多到滿出來的，就是無業遊民和失業者。就算不是這個仲介所的人，也有很多人要做這些工作！」這句話在每次朝會時間都會被拿出來說。

當所長非常直接地罵人時，我總會想「如果所有的人都同時辭職的話，他還能這樣隨意對待人嗎？」但是人們總是會忍下這些人格侮辱，默默地工作。因為總得糊口飯吃。而管理階層的人很清楚工人們的這種迫切之處。必須持續遇到不尊重並利用他人的人，讓我深感困惑。

在我們的社會裡，有代替別人做危險工作的人。希望我們社會能讓這些人不受歧視，並依照所做的工作獲得相應的報酬。這才是正常的社會。

因為打工，我學到了……

如果太習慣身為奴隸的生活，
便會開始互相炫耀綁在自己腳上的腳鐐。

10

彎曲的木頭更強韌

在猛烈的颱風下，比起直挺挺站著的樹木，
柔軟彎曲的竹子的存活力更高。
社會生活也是一樣。
有時比起理直氣壯，
更需要知道如何發揮柔軟的身段。

做著各種工作，也見識過數十位管理階層的主管。有些主管把簡單的事情弄得很困難，相反的，也有的主管能把困難的事情變得簡單又有趣。各式各樣的人都有，從無法理解這個人怎麼當上主管，並懷疑對方的資質，到真心覺得這個人優秀到待在這裡，實在是浪費人才。

這是在工地現場的設施安全組工作時發生的事情。

我們在工廠裡可能會發生事故或危險的地方貼上安全標語和公告，在可能發生墜落意外的地方裝設欄杆，或裝設安全網以預防墜落事件等等，負責有關安全的大小事。

在作業的時候，總公司的副組長（總公司的員工，換句話說就是「甲方」）來現場對我們的主管破口大罵。雖然沒有人能上前阻止，只能在一旁觀看，但不管是誰聽起來，我們這邊的主管一點錯都沒有。

事件經過是這樣的。總公司下了兩個作業指令，分別是總公司副組長指示的事項以及副組長的上級部長指示的事項，而部長說他的指示比副組長的事情還要急，要大家優先處理他的。我們便按照指示執行，但是部長所指示的事情，其實是個我們不做也可以的小事，而到後來才得知這個結果的副組長對著我們大發脾氣，說為什麼不先做他指示的事情。因為總公司的業務混淆而下了錯誤的指示，卻不跟自己的上司抗議，反而跑來抓著外包業者的職員不放。

雖然我們這邊的金組長對總公司的副組長應付著說「請你去問你的上司」但副組長卻指責金組長，外包業者怎麼敢違背總公司的指令云云。

「我們這邊沒有做錯事情。難道不是總公司下錯指示嗎？就算我們是外包業者，也不可能去對沒有犯的錯負任何責任。」

我們這邊的其他主管沒辦法加入戰局，只能戰戰兢兢地看著總公司那邊的臉色。這也是因為所有的權限和人事權力，都掌握在總公司手上的緣故。在掌管生殺大權的人面前提高自己的嗓音，顯然是不智之舉。但是金組長一點也不讓步，正正當當地抗議著。

兩個人勢均力敵，就連總公司的技師也前來聲援，變成二對一的吵架。我們這邊的主管們在金組長背後戳著他說：「你這次就忍下來，說聲抱歉就好了。」而金組長則堅持說：「沒有什麼好對不起的，怎麼可以因為我們是外包就這樣對待。」最後總公司的部長出現，承認是總公司的錯誤之後，我們才擺脫了做錯交辦事情的汙名。

●好的領導者的條件

見識到這件事情，讓我非常感佩金組長的態度。

不管是在哪個組織，管理者的力量總是極為影響著組員的生產能力。

在這段時間遇過的一般主管，大部分的人都缺乏反省思考的能力。比起揪出錯誤改正，反而是屈服於強者，並將責任推給下屬，自己獨占功勞。

但金組長不一樣。

所有大大小小的事情，責任都自己擔。有一次其他組別一位新來的員工犯了錯，雖然他和這件事一點關係也沒有，但他還是站出來和上位者說是自己犯的錯，擔下這個責任。而有功勞時，則是盡力讓流汗工作的底層員工都能拿到犒賞。

在指示工作時，經常從「為什麼」要做這件事開始說明，清楚把握十幾位組員的優缺點，並且知道適當運用，而組員也非常遵從金組長的指示。

後來，我向金組長請教了他上次和總公司職員吵架的事情。

「發現錯的事情，當場就要指正才行。如果就這樣放著的話，就無法徹底改善了。」金組長說，所長是因為和本公司直接簽有契約，就算是自己受到不當待遇，也擔心著契約會不會因此被終止，所以在總公司面前有苦難言。但他不必擔心這點，反正被趕走的話，去其他地方工作就是了。

我認為金組長的理直氣壯，是因為他不留戀主管的位置才有可能辦得到。要是發生戰爭，而金組長是我的長官的話，我應該會毫不猶豫地投入戰場。要是我哪天也成為主管，我也想仿效他。

大部分的人力仲介所，總是無法向委託公司抗議自己的勞工受到不合理待遇。（因為怕契約被終止）只會想盡辦法把指出錯誤、滿腹委屈的人的嘴堵住，並送到別的地方去。一邊用「因為不懂不正當的現實」「吃苦才是青春」這種話安撫，一邊派遣不吭一聲，默默工作的年輕人出去。正因為如此，工地現場的錯誤型態才無法被改變吧！

有次發生了這樣的事。

早上被派去某個建設公司現場的大叔，結束工作後回來，一進門就拉開嗓子怒吼著：「我今天大概吃錯藥，跟班長吵架了。那邊原來是這種地方嗎？」

這時人力仲介所的所長，也大聲地隨聲附和著：「對，幹得好！那些傢伙就是欠罵。因為有像金先生你這樣的人，我們才能逐漸改變這個社會！」

我豎起耳朵，聽著這兩個人的對話，想搞清楚到底發生了什麼事。

「我這就打電話去，說我們不會再派人去這種地方，好好教訓他們！」

大叔心情好地下班了。只剩下我和所長留在辦公室，所長打了通電話。好像是剛才提到的業者的相關人士。

「啊……是，很抱歉。我會好好管理的。這次就請多多原諒。不會再有這種事情發生了。」

所長握著電話，接連道歉。應對方式和之前所看過的所長都不一樣。只需要低頭一次，不但同時得到人心，也能夠維持契約。活生生應證了「在猛烈的颱風下，比起直挺挺站著的樹木，柔軟彎曲的竹子的存活力更高」這句話。讓我不禁思考著，我什麼時候才能變得像他一樣這麼有智慧呢？

無條件遵從上級命令的人，並不見得是位好的領導人。我所遇見的好領導者，是分別傾聽職員和管理者的要求，並從中協調的人。

但是好的領導人，比想像中的還來得少。

因為打工，我學到了……

好的領導人條件，非「傾聽」和「協調」莫屬！

11

所有的人都病了，但都感覺不到疼痛

人如果犯了錯，
仍然想減低自己的罪惡感，
便會去合理化自己的行動。
無論什麼事情，第一次都很難，第二次就容易了。
所以，一次都不能容許它發生。

「所有人都病了，但都感覺不到疼痛。」

這是李晟馥的詩〈那天〉裡的最後一句話。雖然不是很懂詩，但這個句子卻長久留在我心底。是因為我曾在工地現場經歷過「某個經驗」。

所有的建設業者，每個月都必須接受一次所謂「工程工具檢定」的安全檢查。確認在建設工程中使用的機械與裝備沒有異常，若有異常便進行修理，若無異常就貼上可以繼續使用的合格貼紙。

因為如果使用沒有貼紙的裝備被告發，會受到警告，所以這是所有協力業者的管理人員都得聚精會神處理的重要大事。每當工程工具檢定的時候，大叔們都用抹布擦拭著設備。有次工程工具檢定的時候，班長把我叫了過去。

「海樹，你去弄一個梯子來。」

「是。我去〇〇設備（其他業者）那邊借一個來。」

「不，不是這樣。因為我們之後還要繼續用，你出去四處晃晃，看好時機，就搶一個過來。」

「啊？」

我在那一瞬間懷疑自己的耳朵。我不知所措地呆站在原地。班長接著說。

「你幹嘛還不去？趕快去，趕快回來。不要被抓到！」

我到業者倉庫聚集的地方徘徊，小心地觀察。在倉庫裡看到了梯子，有些梯子被鎖頭鎖住，也有好幾個梯子就這樣隨意被擺放著。

「幹嘛指使我做這種事情啊……」

躊躇徘徊了好幾次，正當我還在原地遲疑，班長打了通電話過來。

「弄到了？直接回來吧。」

我回到原來的地方，幸好幫班長從別的業者的倉庫裡偷了梯子回來。那個梯子上寫著該業者的公司名以及管理者姓名、電話號碼等等。大叔們在乾抹布上用水性肌肉痠痛噴劑噴濕，在標記的地方反覆擦拭，便在神不知鬼不覺中擦得一乾二淨。

接著在上面寫了我們的公司名稱以及班長名字和電話號碼，接著拿去工程工具檢定。然後從主管機關獲得正式發給的貼紙一張，這個梯子不管由誰來看，都是我們公司的東西了。

●「本來就這樣」讓非法合法化

在這裡工作的時候，時不時會接到指示去「弄」來剪刀、橡膠板、捲尺、水平儀、鷹架、螺絲杆等在作業上所需的物品。有一次我對班長說：「沒有資材的話，跟所長說一聲，買來不就好了嗎？」

「事情得做，當場需要又沒得用，能怎麼辦？這裡本來就這樣。」

最讓我感到害怕的「這裡本來就這樣」這句話又出現了。

大概組裡面接收到要年紀最小的人去「弄」東西來的指示，上頭同時指示了兩三個人去把東西弄來，先拿來的人的東西就用在工作上，後拿來的人的東西就藏到倉庫裡，在下次作業時拿出來使用。

問題在於這種不當行為，並不只是在我們公司才有。在這個地方，就像春暖花開一般，該發生的還是會發生。因為我不抽菸，在休息時間不會到工廠外，而是在工廠裡的倉庫找個適當的地方坐下休息。於是常常看到別的業者的人偷偷潛入倉庫，打開工具箱翻找物品的模樣。

雖然我可以冒出來大吼「這是在幹什麼！」當場把他給趕出去，但他們大部分看起來都是和我一樣的年輕人，反而可以充分理解他們的立場。所以每當這種時候，我總會讓電話鈴聲響起，暗示他們這裡面有人，讓他們自行離去。

「這裡本來就這樣」是一句明明犯了錯，還想減低罪惡感，合理化自己一切行動的一句話。

如果跟著多數的意見行動，罪惡感就跟著消失。每當看到這種事情發生時，就會想起詩人李晟馥詩中的句子：「所有的人都病了，但都感覺不到疼痛。」

因為打工，我學到了……

無論什麼事情，第一次都很難，第二次就容易了。

所以，一次都不能容許它發生。

12

最終仍不被認可的職業

「無法成功的人」都是因為自己努力不夠嗎？
在批評年輕人不做辛苦的工作之前，
我們需要將「做辛苦的工作不會被歧視，而且還能成功」的觀念轉換。

我去濟州島旅行了一個月。我在這裡沒有可以依靠的人，所以決定在這裡的食衣住行都靠打工來解決。「年輕」對賺錢來說實在是個很好的條件，因為不管到哪裡，需要年輕人的徵才需求都很多。

我們會覺得旅遊的目的地風景優美的理由，也許是因為不需要賺錢，可以暫時從所有義務之中脫離的緣故。世上萬物都因為充滿自由，而令人覺得美麗動人。來到濟州島找了工作，開始上班的第一天，我領悟到了這件事。不管濟州島再怎麼景色優美，只要被金錢給綁住的勞動成為日常生活，就很難再享受它的美好。

我在濟州島市中心的一個度假旅館，開始了配管工輔助員的打工。配管大致分為衛生配管和冷暖房配管以及消防配管。而我做的打工，則是進到廁所裡裝設衛生配管的工作。簡單來說，就是在廁所裡挖個出水的地方，接著連接水管和水龍頭，結束後再於同一個地方裝設馬桶、洗手檯、浴缸等等。我緊跟著配管工大叔，幫忙這些工作。

配管工的補助打工，日薪比其他的打工要來得高。理由似乎是因為這是個危險職業。因為在工作的時候必須依照師傅的要求，快速地將水管和鐵板裁切為所需要的長度，經常使用裁切器和電動磨床，如果一個閃神就會有切斷手指的風險，因此必須特別小心。

切割塑膠水管是還可以，但是切割鐵板時會四處噴濺火花，噪音也非常大。如果衣服被火花噴到就會熔化掉，所以最好穿上厚重的衣服，也必須戴上護目鏡才行。打工的前輩們看到我做切割作業戴上護目鏡時的樣子，總是覺得滑稽好笑，但其中有一個人在做電動磨床的工作時，被鐵粉噴到眼睛，就去醫院接受了治療。自己的安全要自己顧好才行。

在這裡工作最好的一點，就是能夠認識在濟州島生活的當地居民。公司幫我找了住的地方，也供應三餐，因此花不到什麼錢。

在濟州島的日子裡我常常租車，租車的費用不到首爾的一半。每天下班後就拿起地圖，四處看風景。就這樣三個星期過後，路都認得了，不用導航也能找到目的地。有次一起工作的大叔從便利商店買來熱狗，把熱狗放進魚籠後走到海邊丟進海裡，隔天下班就抓到章魚了，真的很神奇。其他人也生平第一次目睹這種光景，看著章魚歡呼。

第二個好處就是在濟州島可以遇見來自全韓國各個地方的人。其中的大叔們最常說的話就是：「最近年輕人都不想做辛苦的工作了。」

我認為這句話說對了一半，也說錯了一半。首先，年輕人不想做辛苦的工作這句話說錯了一半，是因為根據我在建設工地現場、工廠等地方工作的經驗，實際上有非常多像我這樣的年輕人在那邊工作。甚至有些地方，年輕人的人數比工作許久上年紀的人還要來得多。

而說對的另一半，則是年輕的人只是臨時為了賺錢而出來工作，並沒有想要在工地現場或工廠長久待下去，或是想要學習專業技術，將這些事情做為日後主要生計的人。

●「不好好讀書就會變這樣」這句話

那麼，為什麼像我這樣的年輕人就算做著辛苦的工作，卻不想持續做下去呢？為什麼會不想把辛苦的工作當成生計？更不用說工地經常在鬧人力荒這件事。對於這些問題，我想就我經歷過的事情，謹慎地找出答案。

這是我在建設工地現場工作時，親身經歷過的事情。在結束一天工作後，臉上堆滿疲憊神情的勞工們下班走出工地大門。有一對路過的母子看到了我們。

「媽媽，那些大叔怎麼在星期天還要工作？」

大概是看到我們在休息日工作，覺得稀奇吧。而那位母親理所當然地說：**「如果不好好念書的話，就會像那些大叔一樣，星期天也得工作，沒辦法休息。」**

聽到這句話，我的臉立刻變得通紅。在這瞬間，我的生命就被定義為沒有好好念書，而掉入地獄受苦受難的醜八怪了。

在豔陽高照的炎熱夏日，有一次在高樓大廈的機械設備組工作時，必須到對面的另一棟建築進行作業。一天之內必須在工地和那棟建築之間來回走動好幾次，而每次一起走的班長，都不走充滿冷氣涼風的地下商街，而是走在炎熱的地面上繞著遠路。過了幾天，還是跟以前一樣繞遠路走，於是我問了班長，為什麼要這麼辛苦地從地面上走過去。

「像我們這樣的人走過那邊，會被那邊的人討厭的。而且他們看我們的眼神也不好受。」

建設勞動者、超市員工、廁所清掃人員、生產勞工、餐廳大媽、快遞司機、外送員工、公寓保全人員等等，這些在惡劣環境辛苦工作的人，在韓國總是被人輕視且歧視著。看著他們，自我安慰著「我沒有變得像他們那樣，真是太好了。」雖然常常會在我們快要忘記時，出現有關對公寓保全人員施暴或壓榨的新聞，但卻很少人會說「多虧有他們在，我們才能住得安穩，不必擔心家裡遭小偷。」

在我們的社會的觀念裡，無法歸類在「成功的人」範圍裡的許多人，都以「努力不足」四個字毀謗之，在競爭中脫穎而出的人則歧視著其他沒有勝出的人。因此我認為就業問題不能只單純看作是年輕人的認知問題。社會的認知、人們的視線、社會結構的問題更為龐大。

在批評年輕人不做辛苦的工作之前，我們需要將「做辛苦的工作會被歧視，而且還不能成功」的觀念轉換。

希望這個社會能夠讓每個行業的人，都能夠擁有希望、追逐夢想。

因為打工，我學到了……

在濟州島打工的好處，就是除了工作的時間，可以盡情地四處觀光。

13

吃不到的「葡萄」味道

在經歷現實前，我們所知道的只有連續劇和電影裡的世界。
但是在這些畫面中的世界，充其量只是幻想罷了。
更重要的是實質的經驗。

盧明愚教授的著作《世上萬物的社會學》裡，有這樣的內容：

「羨慕和忌妒是不一樣的。忌妒是從競爭者身上感受到的感情。如果外表和我長得一模一樣的人，受到周遭人的歡迎，那我就會產生忌妒。但如果是一位擁有完美身材和帥氣臉龐，隱約之中還散發光環的人，我還膽敢忌妒他？」

我完全同意這一席話。在工讀生中，有大學生，也有準備就業的人。在打工的時候，可以輕易得知工讀生是很羨慕上班族的。

在即將面臨就業的立場來看，羨慕上班族是理所當然的事情。到這裡還算可以，但以下兩種狀況可能會產生問題。

一、看著他們，對自己的處境悲觀。

二、反覆確認他們獲得這個職業之前有多辛苦，覺得反正再怎麼努力也沒有意義，乾脆就不去努力了。

「月薪會拿到多少呢？」

「銀行行員們，應該是在冬暖夏涼的辦公室工作吧？」

如果以混合著羨慕的語氣開始對話，那緊接著的就是開始要討論獲得這份工作會有多困難。

「你難道不知道，想進銀行工作有多困難嗎？」

「銀行的公開招聘競爭率是多麼地激烈呀！」

接著，我們像撒調味料般，在此撒下這些工作的缺點。說著大企業或銀行行員的雇用狀態（容易被裁員）等等，便會開始覺得沒有在這裡工作實在是太幸運了，如此這般自我安慰著。

「每天都被關在辦公室裡工作，一定會感到非常煩悶厭煩的。」

「鐵飯碗是過去式了。聽說在一九九七年金融風暴時，裁掉最多的就是銀行行員呢！」

「那麼辛苦地累積學經歷進了大企業，如果上了年紀又沒辦法獲得升遷就得出來了。結果還是開炸雞店呀！」

一言以蔽之，就是重複著「羨慕」「想要那樣的話會很辛苦」「那麼辛苦又得不到什麼」。老實說我也曾經這樣想過，何止是想而已，根本就是陷進去了。因此獲得了「如果那樣生活，我的生命真的不會好轉啊」這樣的自覺。太可怕了。

我為什麼要忌妒，甚至毀謗那些在我走不上去或我不想走上去的路上站著的人們呢？這是個努力就能成功的世界！

我就和《伊索寓言》裡看著自己吃不到的葡萄，咒罵著「那個一定是酸葡萄」的狐狸沒有什麼兩樣。

在過去，我只看到人們綻放著光芒，卻不知道在那之前他們是吃了多少苦頭。為了站上舞臺發光發亮的那一刻，得在看不到的地方堅持熬過多少忍耐和苦痛，在我揮灑自己的汗水工作許久後，才恍然大悟。

如果我羨慕的話，也跟著一起努力就行了，我沒有理由去詆毀他們所做的努力不算什麼。

「難道這是個努力就能成功的世界嗎？」

對於我所說的這番話，一定有人會這樣質疑。因為大家都說，這是個只靠努力也無法成功的世界。但不管丟不丟臉，說實話我沒有努力到可以這樣感嘆過。我不曾為了什麼而盡全力去努力，不曾用盡整個生命的力量去努力過。因此感嘆這個對我來說似乎還太早。至少做完我該做的事，我所說的話才有說服力。

「在那些人之中，有人自己不曾付出努力，也爬到那個位置的金湯匙呀！」

這也沒錯，這世界是不公平的。那個人所擁有的東西之中，有我得不到的。但我們不能因為有人不必努力，只靠父母的賜予就有好的職業、大量財產，就狠狠拋棄自己的人生吧？

所以至少從現在開始，我正在努力尋找著我想做的工作，尋找我的夢想而活。在各種領域中一面打工，一面累積經驗，明白自己的優缺點，學習和眾人相處的方法。也得知我做什麼樣的工作會感到興奮，也逐漸看到自己想要走的路。

而且，**我也努力參加各種活動，認真在社群網路中活躍。是為了讓我們所生活的這個世界變得更正義、更合理，而努力著發出自己的聲音。雖然只憑我自己的力量不大，但如**

果聚集和我同樣想法的人，便能發揮可觀的力量。

為了讓每個人的努力能夠受到肯定、開花結果，我們別拋棄我們所生活的這個世界。

因為打工，我學到了……

我必須要有經驗和努力，

才能讓我所夢想的世界成真。

我知道這是個荒謬不合理的世界，

但和他們不同，

我的人生就是我的人生。

只想著對方有但我沒有的地方而悲觀，

是再愚蠢不過的事情。

不能為了詛咒金湯匙而拋棄我的夢想。

現實是現實，我的夢想是我的夢想。

因此我很珍惜。

後記

二十七歲，二十七種職業

若將我的二十歲的青春用一句話來描述，就是「徬徨的時期」。因為我不知道該做什麼才好而徬徨著。因此好奇其他人是怎麼做的，便到處拜訪許多年輕人聚集的地方，不管是企業還是演講。去拜訪教授、企業人士、講師、政治人物、作家等走在康莊大道上的人，追問他們「我該怎樣活下去？」「未來我要做什麼才好？」「我這樣生活是正確的嗎？」等傻問題。

最後得到的結論就是他們也不知道。這是當然的。我連自己都不知道怎麼生活下去，跟我初次見面的人怎麼知道我的人生會變得如何？有趣的是，無論經歷、學歷、職業，有非常多的人像我一樣正在苦惱著相同的事情。

而有穩定工作的公務員或拿高年薪的大企業職員，則說著「我不知道我為什麼做這個工作。」「我不幸福。我未來該做什麼？」雖然做著自己不喜歡的工作，但卻又很難當場離開職場。

讓我驚訝的是，在韓國眾多職業之中被認為是「職業的正確答案」的公務員和大企業員工們，一直要到快要三十歲或三十五歲左右，才提出這些問題。雖然有些人沒辦法離職而繼續工作下去，但也有人就此離開。根據韓國經營者總會在二〇一六年的雇用時態調查顯示，大學畢業的新進員工之中，有二十七．七%的人在進入公司後一年內辭職。也就是說四個人之中有一個人放棄了辛苦得到的工作。他們為了獲得這個職業，一定付出了多少時間、費用和努力，這是多麼可惜、傷心的一件事。

●這絕非白白浪費時間

我們一直沒有機會去理解自己是個什麼樣的人。不知道自己是個什麼樣的人，是要怎麼去得知自己喜歡什麼，什麼時候會感到幸福，擅長什麼又不擅長什麼呢？這個社會只要求十來歲的人進入好的大學，只要求二十來歲的人在穩定的職場就業。而辛苦就職後，隨之而來的就是結婚這個課題。一次都沒有去了解自己的機會，只看著前方奔跑著。我們過於順從「劃一化的正確答案」了。

我想逃離這樣的現實。我沒有了不起的才能或家庭背景，就算空著雙手，我也想用這健全的手腳四處尋找「真實的自我」。都怪我這不聽從吩咐做事又固執的個性。

要怎麼樣才能找到「真實的自我」？我所選擇的方法有兩個，「新的工作」和「旅行」。

兩個方法的共通點，就是去沒有說明書的陌生地點，經歷著不熟悉的經驗。把自己放到這輩子首次經歷的狀況、事物、環境之中，讓自己看到自己是個什麼樣的人。

地球是圓的，要從外太空看地球才知道這件事。我住在什麼地方，要從家外看向自己的家才知道。在家裡悠閒地坐著，再怎麼左顧右盼，是無法得知的。辛苦的時候、難堪的時候、幸福的時候、開心的時候、疲累的時候，都是自己選擇的結果，也造就了自己。

在決定生涯規劃時，必須考慮自己有沒有辦法好好面對在這個職業裡會面臨的事情。但是我們總是不去思考這些，反而只去關注這個職業的優點。

例如，在不清楚公務員實際業務的情況下，只著眼於公務員的安定雇用狀態、歸屬感、年金福利等理由，就選擇從事這份工作。這樣之後如果遇到意料之外的狀況，便容易對這份工作產生質疑。

打工，是為了能在累積經驗並把握自己的內在的同時，一邊賺錢的手段。我認為打工好在除了是讓我能夠尋找自我最好的手段，也能讓我維持基本生計。我想勸告想尋找自我的人，割愛一些累積經歷的時間，透過嘗試各種打工來累積其他經驗。

我開始打工，並不是領悟到什麼和別人不一樣的東西。只是跟著朋友去面試，想要透過打工克服自己個性上的缺點，因而體驗到打工的優點罷了。我逐漸累積打工的經驗，也樹立起各種基準。我在找工作時有三個原則。到現在我無論做什麼事情，也都遵照這三個原則。

一、區分工作的目的與手段。

二、做能夠遇見很多人的工作。

三、無論做什麼工作，不超過一年以上。

第一個原則，是我決定我要透過這件工作得到什麼。如果錢是目的的話，便依照要花在哪裡、要存多少，訂下具體的金額和時間。如果比起金錢，經驗或學習才是目的的話，便將「工作」當作「手段」來應用。就像我在辣炒雞排店打工時，就算拿的是「熱情酬勞」；就像我在擺路邊攤時，就算沒有像樣的收益，能夠堅持下去的理由，就是因為想要獲得經驗。

第二個原則，是因為我的個性。我從小就非常內向，害怕面對別人。在這必須和許多人一起生活的世界中，如果怕人的話就一事無成了。因此我想透過打工，學習如何面對人、如何融入人群的方法。

而第三個原則，則是因為打工是我尋找我想做的事情（職業）的手段。我做打工的目的，是透過做各種不同的工作，來尋找我所適合的職業，因此我想盡力體驗多種工作。因此便不能在同一個工作上停留太久。

經歷各種打工，總會有「這個工作適合我」的感覺出現。如此就會想繼續做這個工作。但是就算這份工作再怎麼適合我，我做的仍然是打工。我可不想把打工當作職業。

人實在很狡猾。小的時候想要趕快長大成人，而長大成人後卻又想回到小時候。理由很簡單，因為小的時候沒有當過大人，只覺得看起來很好罷了。

但「看起來」和實際經歷，則有著極大差異。

因為走的不是原本認得的道路，需要練習和經驗。打工是個認識「我不認得的路」的好方法。在這個原則下，今年是我做打工的第十年。許多人看著快要三十歲還在輾轉打工的我，頗有微詞，或是一邊說著「為什麼要這樣生活？」一邊用擔心的眼神看著我。

但我可是流著汗水，正正當當地工作至今。比起別人的眼光，我按照自己想過的方式生活著，因此一點也不後悔。或許在其他人眼中看來是個微不足道的人生，但我比任何人都問心無愧，並以此自豪。

我在不斷挑戰這個強求正確答案的社會氣氛下，在雲霧裡似乎理解了我到底是誰，以及在這眾多人群之中的我能有什麼樣的用處。如今正在尋找我擅長的事情、我想做的工作，以及不斷刻畫著夢想並努力實現。

在為這本給我重要機會的書做結尾時，我有句非常想說的話。

請務必守護年輕人們，讓他們能夠自己尋找出路。

在他們尋找出路的過程中，請不要指責他們沒有走得比較快、沒有走得比較好。

Eurasian Publishing Group
圓神出版事業機構
用心與你對話．視野無限寬廣
圓神出版社
Eurasian Press

www.booklife.com.tw reader@mail.eurasian.com.tw

圓神文叢 257

我用打工學習這個世界：
有關挫折、辛酸、老闆、現實社會，以及工作的27種樣貌

作　　者／黃海樹（황해수）
譯　　者／楊爾寧
發 行 人／簡志忠
出 版 者／圓神出版社有限公司
地　　址／台北市南京東路四段50號6樓之1
電　　話／（02）2579-6600．2579-8800．2570-3939
傳　　真／（02）2579-0338．2577-3220．2570-3636
總 編 輯／陳秋月
主　　編／吳靜怡
責任編輯／歐玟秀
校　　對／歐玟秀．林振宏
美術編輯／潘大智
行銷企畫／詹怡慧．林雅雯
印務統籌／劉鳳剛．高榮祥
監　　印／高榮祥
排　　版／杜易蓉
經 銷 商／叩應股份有限公司
郵撥帳號／18707239
法律顧問／圓神出版事業機構法律顧問　蕭雄淋律師
印　　刷／祥峯印刷廠
2019年9月　初版

定價 290 元　ISBN 978-986-133-695-4

摩天大樓之所以能夠綻放出絢爛的煙火，背後一定有著無數多位勞動者的犧牲和血汗、淚水。如果我們總是能想到華麗外表的另一面，那這個世界應該會更溫暖一些。

——《我用打工學習這個世界》

國家圖書館出版品預行編目資料

我用打工學習這個世界：有關挫折、辛酸、老闆、現實社會，以及工作的27種樣貌／黃海樹（황해수）著；楊爾寧 譯. -- 初版. -- 臺北市：圓神，2019.9
272面；14.8×20.8公分（圓神文叢；257）
譯自：나는 알바로 세상을 배웠다 : 알바 인생득도 청춘 에세이

ISBN 978-986-133-695-4（平裝）

1. 兼職 2.副業 3.成功法

542.78 108009603